# Wie erkenne ich? MODERNE ARCHITEKTUR

Hajo Düchting

# Wie erkenne ich?
## MODERNE ARCHITEKTUR

Belser Verlag
Stuttgart

Abb. S. 1:
Theo van Doesburg und
Cornelius van Eesteren
Architekturentwurf,
1923

Abb. S. 2:
Frank Lloyd Wright
The Solomon R. Guggenheim
Museum
New York, erster Entwurf
1943, erbaut 1956–1959

## Bildnachweis

*Museen/Sammlungen:*
Amsterdam, Stedelijk Museum, 1, 58
Berlin, SMPK, Kunstbibliothek, 49
Berlin, Bauhaus-Archiv, 74 rechts, 84
Harvard, Busch-Reisinger-Museum, 46,
    65, 72, 74 links
New York, The Museum of Modern
    Art, 59
Paris, Fondation Le Corbusier, 89, 93
Paris, Musée des Arts décoratifs, 88
Parma, Universität, Nervi-Archiv, 112
Weimar, Hochschule für Architektur
    und Bauwesen, Bauhaus-Bildarchiv,
    66, 69
Wien, Albertina, Loos-Archiv, 88

*Agenturen/Fotografen:*
Architectural Association M. Eleftheria-
    des, 117
Archiv Burkhard-Verlag Ernst Heyer, 54
Archiv La Cambre, 29
Archiv der Mercedes-Benz AG, 13
    rechts
Artephot (M. Babey), 90
Bibliothek der Landesgewerbeanstalt in
    Nürnberg, 23
Bildarchiv der Österreichischen Natio-
    nalbibliothek, Wien, 24
Bildarchiv Foto Marburg, 8, 10, 27, 35,
    43, 44, 85
Bildarchiv Monheim, 11 unten, 53, 63
Bracklow, R. (The New York Historical
    Society), 20

Corbis, 34, 37, 76
Day, Joseph, 12
DK Picture Library Annan Collection, 22
Eustache, F. (Archipress), 41
Frahm, Klaus, 11 oben, 45, 51, 98, 103
Gilbert, D. (VIEW), 115
Gössel, Peter, 69
Grosskopf, R., 39 unten
Halbe, Roland, 14
Heeb, Chr. (LOOK), 108
Heissner, O. (Arthur), 77
Landesbildstelle Berlin, 114
Landesbildstelle Württemberg, 48, 83
Monheim Bildarchiv, 11 unten
Nai/Stichting Wonen Archiv, 52
Oudsten, Frank den, 60
RIBA, British Architectural Library, 21
Riha, Georg, 17
Schmidt-Luichs, C.W. (G+J Foto-
    service), 121
Swapalow/ Heaton, 7
Shulman, J., 109, 110
Stoller, E., 86, 113
Studio Chevojon, 82
Tiainen, J., 56
Voigt, W., 100
Wrba, E., 9
Wrubel, Arno/HPP, 16
Zimmermann, Harf, 95, 96 unten

© VG Bild-Kunst Bonn 2007, 2, 7, 10,
    11 oben und unten, 13 rechts, 23,
    38, 43, 44, 45, 46, 57, 60, 63, 65,
    66, 68, 69, 71, 72, 74, 77, 80, 81,
    83, 84, 85, 86, 87, 88, 90, 95, 97,
    115
© FLC/ VG Bild-Kunst Bonn 2007, 13
    rechts, 88, 89 oben, 90, 92, 93
© Stiftung Bauhaus Dessau, 11, 63

Die anderen Abbildungen stammen
aus den Archiven des Autors und des
Verlags.

Der Verlag hat sich um die Beachtung
der gesetzlichen Vorschriften bezüglich
des Copyrights bemüht. Wer darüber
hinaus annimmt, Ansprüche geltend zu
machen, wird gebeten, sich an den
Verlag zu wenden.

## Impressum

Bibliografische Informationen der Deutschen Nationalbibliothek.
Die Deutsche Nationalbibliothek verzeichnet diese Publikation in der
Deutschen Nationalbibliografie; detaillierte bibliografische
Daten sind im Internet über http://www.dnb.ddb.de abrufbar.

© 2007 by Chr. Belser AG für Verlagsgeschäfte & Co. KG, Stuttgart
Alle Rechte vorbehalten

Redaktion: Lektorat Hille & Schäfer, Freiburg
Gestaltung und Satz: Buchherstellung Ulrich Dotzauer, Stuttgart
Zeichnungen und Karten: Johannes Christian Rost, Stuttgart
Umschlagentwurf: rick & pohl, Düsseldorf
Reproduktionen: Zanotto Silverio & C., Tezze, Italien
Druck: Polygraph Print, Pressow, Slowakei
ISBN 978-3-7630-2480-3

# Inhalt

# Einführung

Unter dem Begriff „Moderne Architektur" versteht man den tiefgreifenden ästhetischen Wandel, der sich Ende des 19. Jahrhunderts abzuzeichnen begann. Man suchte sich von den ornamentalen Stilformen des Historismus und Klassizismus zu befreien, um wieder auf die wesentlichen und ursprünglichen Bauformen zurückzukommen, wie sie seit der Antike Verwendung gefunden hatten. Denn diese waren im Laufe der Geschichte mit allerlei Zierrat und Schmuckwerk überwuchert worden.

Mit der von England ausgehenden Industriellen Revolution sahen sich die Architekten, die bisher eher rückwärtsgewandt dachten und bauten und sich ihre Bauformen in der Antike abschauten, gleichzeitig neuen Herausforderungen gegenüber. Die explosionsartig wachsenden Städte verlangten nach einer neuen Infrastruktur, nach Straßen, Kanälen, Brücken, Wohnhäusern, Fabriken und Bahnhöfen. Die Maschinenarbeit ersetzte immer stärker die traditionelle handwerkliche Fertigung, was sich zu Ungunsten der Qualität niederschlug und bald Reformbewegungen („Arts and Crafts") auf den Plan rief.

Der technische Fortschritt hatte zwar neue Produktionsmethoden, Gegenstände und Geräte hervorgebracht, doch eine neue Ästhetik dieser Industrieprodukte fehlte noch. Ähnlich stellte sich die Situation in der Architektur dar: Eisen und Glas hatten einerseits die Konstruktion von Bauwerken revolutioniert, sich andererseits aber noch nicht auf die Formensprache ausgewirkt. Die historischen Stile wurden weiterhin verwendet und den neuen Konstruktionen oft nur oberflächlich vorgeblendet. Durch die Aufwertung der Gotik im 19. Jahrhundert lernte man jedoch zunehmend die Einheit von Konstruktion und Form schätzen. Es begann sich eine Loslösung vom Historismus abzuzeichnen, die wiederum neue Entwicklungen der Architektur im 20. Jahrhundert eröffnete.

Jorn Utzon, Opernhaus in Sydney, 1957–1973

## Eisenarchitektur

Die ersten bahnbrechenden Neuerungen stammten von den Ingenieuren, die von den traditionellen Architekten gemäß ihrer Selbsteinschätzung als „Über-Künstler" zunächst misstrauisch beobachtet und abschätzig beurteilt wurden.

1851 eröffnete die erste Weltausstellung in London. Mittelpunkt war der nach Plänen von Joseph Paxton erbaute Kristallpalast aus unzähligen, seriell gefertigten und an Ort und Stelle montierten Einzelteilen. Zum ersten Mal in der Geschichte der Architektur wurde ein so riesiges und repräsentatives Gebäude mit vollständigen Bauelementen und Werkstoffen nach einem von Fabrikbauten bekannten Rasterprinzip aufgebaut.

Obwohl der Kristallpalast nach der Weltausstellung wieder abgebaut wurde, avancierte er zum Vorbild für zahlreiche Eisen-Glas-Konstruktionen im gesamten 19. Jahrhundert, so auch für den Münchener Glaspalast, dem 1853–1854 erbauten Ausstellungsgebäude, der sich als außerordentlich haltbar erwies und erst 1931 durch Brandstiftung zerstört wurde. Man sah in den Eisenbaukonstruktionen allerdings (noch) keine architektonische Leistung, sondern lediglich eine kalt berechnete, mechanisch

AUGUST VON VOIT (Architekt) und LUDWIG WERDER (Ingenieur) Industrieausstellungsgebäude in München 1853-1854
Der Münchener Glaspalast war ein Eisenskelettbau aus gusseisernen Stützen und Fachwerkträgern mit Schmiedeeisen an den zugbeanspruchten Gliedern. In diesem Gebäude fanden bis 1931 zahlreiche wichtige Ausstellungen, u. a. zur Kunst der Moderne, statt. Somit begegneten sich hier zeitgenössische Moderne Architektur und Moderne Kunst in einem angemessenen Rahmen.

GUSTAVE EIFFEL
**Eiffelturm**
Paris, 1889
Der Eiffelturm bildete
den Mittelpunkt der
Pariser Weltausstellung
von 1889, auf der die
neuesten Errungen-
schaften aus Wissen-
schaft und Technik
gezeigt wurden.
Gustave Eiffel hatte sei-
nen Turm nicht nur als
Symbol der Moderne
(Eisenkonstruktion) ge-
plant, sondern auch als
funktionsfähiges Gebil-
de. Von seiner Spitze
aus konnten meteorolo-
gische Messungen vor-
genommen werden,
und es gab eine Funk-
station, die Signale bis
nach New York senden
und von dort empfan-
gen konnte.

ausgeführte Ingenieursarbeit. Diese ablehnende Haltung
musste auch Gustave Eiffel mit seinem heute so berühmten Eiffelturm erleben, gegen dessen Bau sich sogar eine
Resolution von französischen Künstlern zur Wehr zu set-
zen suchte. Doch die neue Bewegung des Bauens war
nicht mehr aufzuhalten, und sie entfaltete sich parallel zu
den Bestrebungen der Modernen Kunst, dem Kubismus
und Futurismus, die ebenfalls gegen die Tradition Sturm
liefen.

## Moderne und Neues Bauen

Was die „Arts and Crafts"-Bewegung in England Ende des 19. Jahrhunderts bereits angeregt hatte, wurde von den Protagonisten des Neuen Bauens aufgegriffen und weitergeführt. Dies vor allem in Deutschland, das nach dem Ersten Weltkrieg die größten Anstrengungen unternahm, um den Anschluss an die Moderne aufzuholen. Der Deutsche Werkbund hatte mit seinen herausragenden Architekten Hermann Muthesius (1861–1927) und Peter Behrens (1868–1940) die nötige Vorarbeit geleistet. Mit den Fabriken für die AEG, vor allem mit der Turbinenfabrik von 1909, hatte Behrens dem Industriebau seine architektonische Würde zurückgegeben. Sein bedeutendster Schüler, Walter Gropius (1883–1969), folgte ihm mit dem Bau der Fagus-Werke in Alfeld (1911–1914) und der Ausstellungs-Fabrik für die *Kölner Werkbundausstellung 1914*.

Zu einem Synonym für die Moderne in Deutschland ist das Bauhaus geworden, das mit all seinen herausragenden Künstlern unter der Führung des Architekten Walter Gro-

PETER BEHRENS
Montagehalle der AEG-
Turbinenfabrik in Berlin
1908–1909
Mit diesem Bau schuf Peter Behrens eines der frühesten Beispiele für die Anwendung einer eigenständigen Formensprache im Industriebau. Noch heute werden in der ganz aus Stahl, Glas und Beton errichteten Halle Kraftwerksturbinen montiert. Der Bau sollte einerseits den technischen Anforderungen entsprechen, andererseits durch seine Gestaltung dem Repräsentationsanspruch der AEG genügen und somit den Aufgaben der neuen Industriearchitektur gerecht werden.

**WALTER GROPIUS, ADOLF MEYER, EDUARD WERNER**
**Schuhleistenfabrik Fagus in Alfeld/Leine**
1910–1914

Mit dem Fagus-Werk konnte Gropius zum ersten Mal seine Vorstellung von einer leichten, lichtdurchfluteten Eisen-Glas-Konstruktion in die Praxis umsetzen. Wichtig war dabei die Auflösung der Außenwände in Glasflächen, die damit ihre tragende Funktion verloren, was wiederum nur durch die Stahl-skelettbauweise möglich war. Beim dreigeschossigen Büro- und Werkstättentrakt wurde an der Fassade zwischen sich leicht verjüngenden Back-steinpfeilern eine aufge-glaste, um die Ecke führende Eisenrahmenkonstruktion aufgehängt und auf die bis dahin üblichen Eckstützen verzichtet (Curtain Wall). Diese Bauweise übernahm Gropius dann auch für das Bauhaus in Dessau.

pius ein „Laboratorium" des Erfindergeists wurde, auch auf dem Gebiet der Architektur. Das von Gropius in Dessau neu errichtete Bauhaus-Gebäude war für die damalige Zeit hinsichtlich seiner Funktionalität und Modernität vorbildlich. Diesem Gebäude folgten die Meisterhäuser und die Mustersiedlung in Dessau sowie weitere nach den neu-

**WALTER GROPIUS**
**Bauhaus-Gebäude in Dessau**
1925–1926
(Foto nach Sanierung 2006)

Das Bauhaus-Gebäude in Dessau ist der bekannteste Bau von Walter Gropius. Die neue Bauweise mit den drei ausgreifenden Flügeln, die durch eine doppelgeschossige Brücke miteinander verbunden sind, sowie vor allem auch der Curtain Wall wurden zum Synonym für das Neue Bauen.

esten Erkenntnissen der Bauproduktion geplante und errichtete Bauten. Diesem mitreißenden Impetus des Bauens schlossen sich auch die beiden anderen Bauhaus-Di-
rektoren Hannes Meyer und Ludwig Mies van der Rohe an.
Hervorzuheben ist Mies van der Rohe, der eine neue Architektursprache auf höchstem bautechnischem Niveau entwickelte.

## Amerikas Vorläuferrolle

Amerika war mit der „Chicago School of Architecture" und
dem Bau der ersten Wolkenkratzer in die Moderne einge-
treten, auch wenn sich in den Kaufhäusern von Louis Sullivan (1850–1924; Wainwright Building in St. Louis, 1890; Wa-
renhaus Carson, Pirie & Scott in Chicago, 1899–1904) und
Henry Hobson Richardson (1838–1886) noch die ornamentalen Gliederungen des Klassizismus wiederfinden.

**ERICH MENDELSOHN
Einsteinturm**
Potsdam, 1920–1921
Der Einsteinturm sieht
auch heute noch (nach
seiner Rekonstruktion)
wie eine futuristische
Plastik aus. In dem Turm
waren ein Observatori-
um und ein astrophysi-
kalisches Institut unter-
gebracht. Es wurde im
Auftrag der Einstein-
Stiftung zur spektral-
analytischen Forschung,
insbesondere zum
Nachweis der Einstein-
schen Relativitätstheorie
errichtet und 1924 in
Betrieb genommen.

**New Yorker Skyline
von 1914**
Foto Joseph Day/New York
Historical Society
Das zeitgenössische Fo-
to erlaubt einen großar-
tigen Blick auf die New
Yorker Skyline von
1914. Im Hintergrund
sind das Singer Building
von Ernest Flagg und
das Woolworth Building
von Cass Gilbert, im
Vordergrund das Adams
Building zu sehen. Das
Singer Building gehörte
damals zu den höchsten
Gebäuden der Welt; es
überragte das Washing-
ton Monument, die
Philadelphia City Hall,
den Kölner Dom und die
Pyramiden von Gizeh.

rechts:
LE CORBUSIER und
PIERRE JEANNERET
Doppelhaus 14/15 der
Weißenhofsiedlung in
Stuttgart
1927
Die kompromisslose Mo-
dernität der Häuser wird
durch das davorstehende
Automobil unterstrichen.
Für Le Corbusier waren
die modernen techni-
schen Fortbewegungs-
mittel wie Auto, Flug-
zeug und Ozeandamp-
fer, Produkte von maxi-
maler Präzision und Per-
fektion, die er auf den
Fotos seinen Bauten ger-
ne zuordnete.

Das Interesse am Wolkenkratzer wurde in Deutschland
vor allem von Mies van der Rohe (1886–1969) und Erich
Mendelsohn (1887–1953) aufgegriffen. Damit war die Begeisterung für alles Amerikanische (initiativ- und tempor-
eiches, modernes Leben) verbunden, wie es sich in den
sog. expressionistischen Bauten von Mendelsohn, die
natürlich auch von der europäischen Moderne wie dem
Futurismus inspiriert waren, widerspiegelt. Während
Frankreich in der ersten Phase der Moderne relativ zurückhaltend blieb – ausgenommen die Architekten Auguste
Perret (1874–1955) und Tony Garnier (1867–1948) mit ihrer
Vorliebe für Eisenbeton und Glas –, trat mit dem Schweizer Le Corbusier (1888–1965) ein Jahrhundert-Architekt an
die Öffentlichkeit, dessen revolutionäre Bauvorhaben und
Pläne aufgrund ihrer utopischen Ausmaße nur zum Teil
verwirklicht werden konnten.

**MOISSEJ GINZBURG**
**Narkomfin-Komplex**
Moskau, 1928–1930
Im revolutionären Russ-
land legte man großes
Gewicht auf neue Formen
des kollektiven Wohnens.
Das wichtigste Beispiel
baute Moissej Ginzburg
(1892–1946) für Ange-
stellte des Finanzkommis-
sariats (Narkomfin) in
Moskau. Der gewaltige,
weiß verputzte Ziegelbau
übte großen Einfluss auf
die später von Le Corbu-
sier geschaffene Unité
d'Habitation in Marseille
aus. Le Corbusier hielt
sich damals in Moskau
auf und errichtete dort
das Zentrosojus-Gebäude
(1928–1936). Der Ginz-
burg-Komplex gruppiert
sich um Gemeinschafts-
einrichtungen zum
Kochen, Essen und
Waschen.

# Architektur im Dienst der Ideologie!

Das revolutionäre Russland blieb in seinen Architekturvisionen weitgehend hinter den hochfliegenden Plänen zur
Erneuerung der Gesellschaft und Kultur zurück. Radikal
neue Gestaltungsweisen wie der Rusakow-Club (1927–
1928) in Moskau oder der Ginzburg-Komplex für Angestellte des Finanzkommissariats (Narkomfin) in Moskau (1928–
1930) erlebten gerade noch den Beginn der 30er Jahre, bis
der von Stalin verordnete Sozialistische Realismus derarti-
ge moderne Entwicklungen abrupt stoppte (s.
Kap. 4).

Interessanterweise wurden selbst im italienischen Faschismus moderne Elemente des Bauens aufgenommen
und der eigenen Ideologie gefügig gemacht. Der Baustil

des nationalsozialistischen Deutschlands wurde von diesem Strom der Entwicklung allerdings abgekoppelt. Albert Speer erarbeitete den größenwahnsinnigen Plan für die neue Reichshauptstadt „Germania" (die Umgestaltung Berlins) in einer durch ihre überdimensionierte Größe einschüchternden neo-klassizistischen Formensprache, von der heute noch vereinzelte Bauten Zeugnis ablegen (Haus der Kunst, München).

GIUSEPPE TERRAGNI
Casa del Fascio
Como, 1932–1936
Die Casa del Fascio ist das unbestrittene Meisterwerk von Guiseppe Terragni. Das Parteihaus steht in unmittelbarer Nähe zum mittelalterlichen Dom von Como und bringt damit zwei Ideologien in direkte Konfrontation. Das so im Stadtkern fremd wirkende Haus sollte mit anderen geplanten (aber nie realisierten) Bauten einen großen Platz säumen, dessen Mittelachse genau auf die historische Basilika zuführen sollte.

HELMUT HENTRICH
und
HUBERTUS
PETSCHNIGG
Thyssen-Hochhaus
Düsseldorf, 1956–1960
Sockellos steht der
dreigliedrige Scheiben-
bau auf dem Rasen der
Grünanlage, unter der
sich ein Parkhaus ver-
birgt. Hinter den impo-
santen Fassaden befin-
den sich allerdings nur
sehr schmale Räume,
da die als Einzelkompo-
nenten behandelten
Fensterscheiben den
Grundriss der Räume
vorgeben.

# Wiederaufbau und „Zweite Moderne"

Nach Ende des Zweiten Weltkrieges wurde mit aller Kraft
an die eingefrorene Entwicklung der Modernen Architektur (und Kunst) wieder angeschlossen. Allerorten wurde
„modern" gebaut, wobei die zu Gunsten einer zunehmenden Globalisierung wegfallenden nationalen Wertstruk-
turen und alten politischen und sozialen Ideale zu einer
öden und austauschbaren Beliebigkeit führten, gegen die
sich bereits Ende der 6oer Jahre erste Proteste erhoben.

**HANS HOLLEIN**
**Museum am**
**Abteiberg**
Mönchengladbach, 1972–1982
Dieses bahnbrechende Werk der „Postmoderne" bezieht bewusst Brüche in die Architektur ein, die sich nach Art einer Collage unter verschiedenen Blickwinkeln zu unterschiedlichen Ensembles zusammenfügen und den Kunstwerken einen eigenen repräsentativen Rahmen verleihen.

Zur Ikone des deutschen Wirtschaftswunders wurde das Thyssen-Hochhaus in Düsseldorf von Helmut Hentrich (1905–2001) und Hubert Petschnigg (*1913). Das Bürogebäude besteht aus drei schmalen, gegeneinander verschobenen Scheiben, die einen gemeinsamen Erschließungskern besitzen. Es ist ein Symbol für die kalte, glatte Perfektion der Architektur der 50er Jahre.

Mit der sog. „Postmoderne" entwickelte sich ein neuer Architektur-(und Kunst-)begriff, der die alten Ideale des „International Style" und der „Klassischen Moderne" in Frage stellte und zu überwinden trachtete. Typisch für diese Phase war der spielerische und oft ironische Umgang mit den historischen Bauformen und Typen. Dieser Aufbruch währte zwar nicht sehr lange, öffnete aber den Weg zu vielfältigen Ansätzen, wie sie die Architekturszene Ende des 20. Jahrhunderts bis heute charakterisiert.

# Die Vorläufer der Modernen Architektur

Um 1900 begann man sich diesseits und jenseits des Atlantiks vom Historismus, der immer neuen Mischung alter Stile (z. B. Neugotik), abzuwenden. Aus der Kritik an den historistischen Stilen und dem Wunsch nach neuen, zeitgemäßen Formen in Architektur und Alltagskultur entstanden verschiedene Reformbewegungen. Die wichtigste war die „Arts and Crafts"-Bewegung in England, die der Industrialisierung sehr ablehnend gegenüberstand und stattdessen einem kunsthandwerklichen Ideal nacheiferte. Trotzdem gab diese Bewegung viele Impulse an die Architektur weiter, die mit neuen, die Konstruktion und Funktionalität betonenden Bauformen und Materialien zu experimentieren begann.

- Wofür stand die „Arts and Crafts"-Bewegung?
- Von welchen Formen ließ sich der Jugendstil anregen?
- Welche Techniken und Materialien ermöglichten den Hochhausbau in Amerika?

Daniel Burnham, „Flatiron", Fuller Building, 1902, N. Y.

# „Arts and Crafts"-Bewegung

Aus der scharfen Kritik an der Industrialisierung heraus entstand in England die „Arts and Crafts"-Bewegung, getragen vor allem von dem Schriftsteller und Kunstkritiker John Ruskin (1819–1900) und dem Kunsthandwerker und Schriftsteller William Morris (1834–1896). Während sich Ruskin mehr theoretisch für eine Neubesinnung in der Architektur wie auch in der Malerei einsetzte und dabei auch für eine Neubewertung der Gotik eintrat, gründete Morris 1861 eine eigene Manufaktur für anspruchsvoll gestaltete Gebrauchsgegenstände. Morris suchte über die Reform der dekorativen Künste zu einer Erneuerung der gesamten Produktwelt bis hin zur Architektur, ja zu einer Revolution der gesellschaftlichen Verhältnisse insgesamt zu gelangen. In seiner Werkstatt wurden Möbel, Glasfenster, Teppiche, Stoffe und komplette Inneneinrichtungen für noble englische Landhäuser entworfen.

Auch Morris wurde von dem damals in England vorherrschenden Gothic Revival, der Begeisterung für alles Mittelalterliche, mitgerissen. Die Gotik stand für die Architektur des Nordens, ein prachtvolles Gesamtkunstwerk, dem Morris mit seinen Produkten nachzueifern suchte. Im Gegensatz dazu wurde die klassisch-antike Architektur abgelehnt und damit auch die Stilmischungen des Historismus. Morris' eigenes Haus, das von Philip Webb erbaute Red House in Bexleyheath, Kent (1859–1860), ist daher auch von schlichter Einfachheit, offen in seiner Bauweise und Funktionalität. Der Name stammt von den roten Dachziegeln und Backsteinen ab, aus denen es erbaut wurde.

Die Architekten der „Arts and Crafts"-Bewegung folgten diesen Vorgaben. Sie wollten englische

**Auf einen Blick** ☯

1888 entstand die „Arts and Crafts Exhibition Society" nach den Ideen von Ruskin und Morris. Ihr Markenzeichen waren hochwertige Alltagsgegenstände und Innenausstattungen.

**CHARLES VOYSEY
Haus Perrycroft**
Colwall, Herefordshire,
1893–1895
lavierte Federzeichnung,
British Architectural Library,
RIBA
Das Haus Perrycroft ist
über einem L-förmigen
Grundriss errichtet und
weist eine lange, hori-
zontale Dachlinie auf.
Das Esszimmer, der
Rauchsalon und das
Malatelier befinden sich
an der Südseite des
Hauptflügels.

Bauten (Kirchen, Dorfhallen, auch Pubs) von „ehrlichen"
englischen Handwerkern errichten lassen, den Nachfah-
ren der Kathedralenbauer. Alles musste von Hand gefertigt
sein, nur heimische Baumaterialien sollten verwendet
werden. Kunden waren aber nicht die Arbeiter, für die Morris eigentlich seine sozialen Reformen gedacht hatte, sondern die wohlhabende Mittelschicht, die in den „Arts and
Crafts"-Landhäusern Zuflucht vor der rauen Wirklichkeit
des industriellen Englands suchte.

Einer der wichtigsten dieser Architekten war Charles
Francis Annesley Voysey (1857–1941), der angenehm funktionale und materialgerechte  Häuser baute. Das Haus
Perrycroft in Colwall, Herefordshire (1893–1895), besitzt eine offene Raumaufteilung und eine schöne, lichte Innengestaltung. Die Details wie Fensterriegel, Türgriffe und
Feuerstellen sind in herausragender Qualität handgear-
beitet. Die „Arts and Crafts"-Architekten, zu denen auch
Arthur Heygate Mackmurdo (1851–1942), William Richard
Lethaby (1857–1931) und Charles R. Ashbee (1863–1942)
gehörten, bauten aber nicht nur herrlich gelegene und
üppig ausgestattete Landhäuser, sondern waren auch am
Bau von ganz normalen Vorstadthäusern und anderen
kommunalen Bauvorhaben in England beteiligt. Die
Bewegung hatte darüber hinaus einen großen Einfluss

CHARLES RENNIE
MACKINTOSH
Glasgow School of Art
1897–1909
Das Meisterwerk des
schottischen Architekten
und Designers Charles
Rennie Mackintosh ist die
Glasgow School of Art.
Der mächtige Baukörper
setzt sich aus verschiedenen, locker aneinander-
gereihten Teilen zusam-
men. Der asymmetrische
Bau wird von großen
Fensterfronten be-
herrscht, die zur Belich-
tung der Ateliers dienen.
Mackintosh verwendete
die damals neuen Mate-
rialien Glas, Beton und
Stahl in neuartiger und
kreativer Weise.

auf den Wiener Jugendstil und die Architektur in Nord-
amerika.

Zu den inspiriertesten Architekten und Kunsthandwerkern in dieser Tradition zählt zweifellos der Schotte Charles
Rennie Mackintosh (1868–1928), dessen beeindruckende
Glasgow School of Art (1897–1909) eine neuartige Inter-
pretation der Bauformen zeigt. Die Gestalt des Baus wird
durch Konstruktion und Funktion bestimmt, dekorative
Details sind unterdrückt. Mackintosh bediente sich der
neuen Materialien Beton, Stahl und Glas und installierte
im Innern eine damals neuartige elektrische Beleuchtung
und eine Zentralheizung.

**Jugendstil** Der Jugendstil ist
ne unter verschiedenen Nam
geläufige gesamteuropäisc
Reformbewegung Anfang d
20. Jahrhunderts, die von flo
len und vegetabilen Element
geprägt ist und alle Bereiche d
künstlerischen Schaffens erfa
te. In Deutschland stammt d
Name von der Zeitschrift „
gend". Durch Einbeziehung d
Innenausstattung waren die Ba
ten des Jugendstils oft Gesar
kunstwerke, die von ein
Künstler (Charles R. Mackinto

**VICTOR HORTA**
**Hotel Tassel**
Brüssel, 1892–1893

Mit glattem Mauerwerk, ausgeprägter Sockelzone und abschließendem Gesims fügt sich die Fassade nahtlos in die umgebende Häuserfront ein. Allein der vorgewölbte Erker demonstriert den Versuch, Ornament und Konstruktion in neuer Weise zu verbinden. Im Innern zeigen die pflanzlichen Formen auf Geländern, Treppen und Mosaiken die Abkunft des Gebäudes vom Jugendstil ganz unmissverständlich an.

# Jugendstil und Wiener Sezession

...ry van de Velde, Victor Horta) ...worfen wurden. Die ornamentale Verspieltheit der An...gszeit wird später von einer ...denz zur Abstraktion und ...nstruktion abgelöst. Seit Ende ... Ersten Weltkrieges spielt der ...endstil keine Rolle mehr, ob...hl einzelne Elemente weiter...ken (Art Déco). ...den **Sezessionen** (wörtlich = ...paltungen) sammelten sich ...fortschrittlich orientierten ...stler, um ihre eigene Kunst...tik durchzusetzen.

Die „Arts and Crafts"-Bewegung löste weitere Reformbestrebungen in ganz Europa aus. Nach einem 1895 von Samuel Bing in Paris eröffneten Laden wurde das neue Stilstreben in Frankreich „Art Nouveau" genannt, im deutschsprachigen Raum „Jugendstil".

Noch heute zeugen die Eingänge der Pariser Metro (wie natürlich viele andere Elemente in der Architektur und in der Inneneinrichtung älterer Häuser) von diesem Stil, der sich vegetabile Formen zum ästhetischen Vorbild nahm. Hector Guimard (1867–1942) war der Schöpfer dieser Eingänge und darüber hinaus verantwortlich für viele andere Dekorformen in Theatern, Geschäften, Restaurants und Cafés des Fin de Siècle in Paris.

Für die Architektur war jedoch ein belgischer Künstler und Architekt bedeutsamer, Victor Horta (1861–1947), der mit seinem Hotel Gellert in Budapest (1912–1918) und dem Hotel Tassel in Brüssel (1892–1893) eine moderne, zeitgenössische Ästhetik als eine Art Gesamtkunstwerk schuf. Aufsehenerregend war damals der Bau der Parteizentrale der Sozialistischen Arbeiterpartei in Brüssel, La Maison du Peuple (1897–1900), eines der ersten Beispiele für eine Stahlkonstruktion, deren konstruktive Elemente – wie in der gotischen Kathedrale – offen gezeigt wurden.

Der Wiener Jugendstil entwickelte fantasievolle dekorative Formen, sowohl in der Malerei von Gustav Klimt (1862–1918) als auch in der Architektur von Otto Wagner, wie z. B. an der Fassade des von ihm entworfenen Majolikahauses (1898–1899), einem sechsstöckigen Wiener Appartementhaus. Wagner wurde 1894 an die Wiener Akademie berufen und verfolgte dann zunehmend einen

OTTO WAGNER
Postsparkassenamt
Wien, 1904–1906
Das Wiener Postsparkassenamt gehört zu den besten Entwürfen Otto Wagners. Der schlicht wirkende Außenbau zitiert durch die Höhenstaffelung und die symmetrische Gliederung klassische Vorlagen. Diese Gliederung wird allerdings

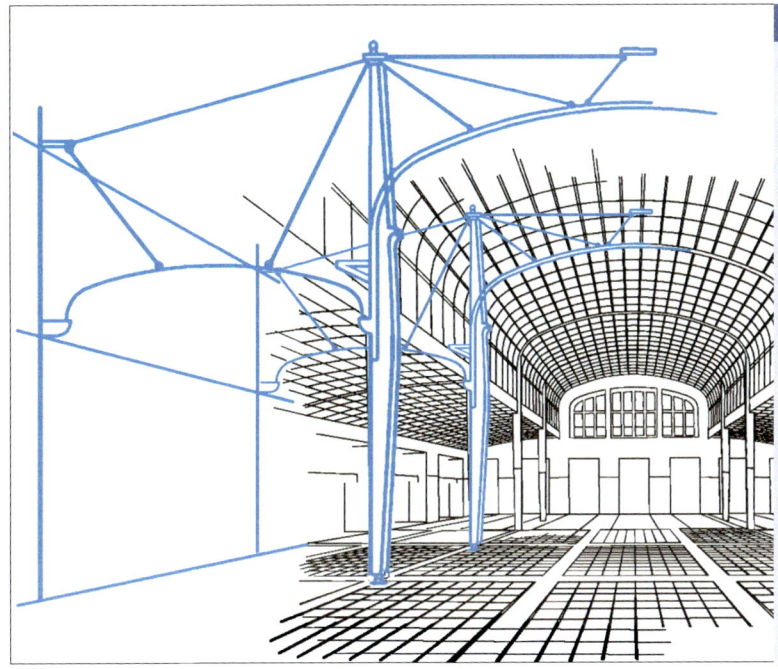

**Wie erkenne ich ?**

Die Stützen im Kassensaal durchstoßen das Dach und münden in Masten, von denen das Glasdach abgehängt ist. Durch einen Boden aus Glasbausteinen wird das Licht in die tieferliegende Etage weitergegeben.

durch ornamentale Einlassungen in der Fläche weitgehend wieder gelöst. Im Kassensaal erwartet den Besucher eine weiträumige Halle mit einem lichtdurchlässigen Fußboden aus Glasbausteinen und einem dreischiffigen Glasgewölbe.

sachlichen, von Funktionalität und Konstruktion bestimmten Baustil, wie eines seiner reifsten Werke belegt, das Postsparkassenamt in Wien (1904–1906). Der Außenbau besitzt eine würdevolle Symmetrie, verzichtet dabei aber auf historisierenden Dekor. Den über einem Nutzgeschoss gelegenen Kassensaal versah Wagner mit einem lichtdurchlässigen Fußboden aus Glasbausteinen und einem dreischiffigen Glasgewölbe. Auch die Inneneinrichtung wurde nach seinen Entwürfen ausgeführt.

Eine ganze Generation von jüngeren Wiener Architekten orientierte sich in ihren Reformbemühungen an Wagners Baukunst. Joseph Maria Olbrich (1867–1908) entwarf 1897 das Wiener Sezessionsgebäude, eine Kunstgalerie in fantastischer Formensprache, das eine mit vergoldeten Lorbeerkränzen umwundene Kugelkuppel schmückt. 1899 folgte Olbrich einem Ruf nach Darmstadt und wurde zum führenden Architekten der Darmstädter Künstlerkolonie .

Josef Hoffmann (1870–1956) war sowohl Architekt als auch Produktgestalter. 1903 gründete er zusammen mit Koloman Moser nach englischem Vorbild die Wiener Werkstätte, eine Manufaktur für exklusive Gebrauchsgegenstände, deren streng geometrische Gestaltungsprinzipien wesentlich zur Ablösung des Jugendstils beitrugen. Auf diese Anregung geht die Gründung des Deutschen Werkbundes 1907 in München zurück, eine Vereinigung von Künstlern, Handwerkern und Industriellen, die eine besse-

**Darmstädter Künstlerkolonie** 1899 gründete der Großherzog Ernst Ludwig von Hessen auf der Darmstädter Mathildenhöhe eine Künstlerkolonie mit Architekten, Bildhauern, Malern, Grafikern und Kunsthandwerkern nach dem Vorbild der englischen „Arts and Crafts"-Bewegung. Ziel war ebenso die Erneuerung von Kunst, Kunsthandwerk und Architektur. Zu diesem Zweck berief Herzog Ernst Ludwig bedeutende Architekten und Künstler nach Darmstadt, so auch Peter Behrens, der mit seinem 1901 auf der Mathildenhöhe gebauten eigenen Haus ein herausragendes Beispiel für die neue Jugendstilarchitektur gab. Mit der Ausstellung „Dokumente deutscher Kunst" 1901 erlangte die Künstlerkolonie mit den neu errichteten Musterbauten von Joseph Maria Olbrich internationale Anerkennung. Nach Ausbruch des Ersten Weltkrieges 1914 wurde die Kolonie geschlossen.

JOSEPH MARIA OLBRICH
Sezessionsgebäude
Wien, 1897–1898
Hinter dem von massigen Kuben gerahmten Eingang liegt der Ausstellungssaal mit einer großen Glasüberdeckung. Über dem Portal ist das Motto der Wiener Sezession eingemeißelt: „Der Zeit ihre Kunst, der Kunst ihre Freiheit." Die Monumentalität des Baus unterstreicht dieses Selbstbewusstsein der Wiener Avantgarde.

**JOSEF HOFFMANN
Palais Stoclet**
Brüssel, 1905–1911
Josef Hoffmann schuf mit diesem Palais ein weiteres Jugendstil-juwel. Der noble Eindruck von außen wird durch die Verkleidung in weißem Marmor und die rahmenden Bronze-bänder ausgelöst. Dadurch erhält der Bau einen schwerelosen, kristallinen Charakter. Im Innern umschmei-chelt eine erlesene, bis ins Detail kostbare Ausstattung die Sinne des Besuchers. Einen Höhe-punkt bilden die Wand-dekorationen von Gustav Klimt, in denen Frauenfiguren in golde-nes Ornament eingebet-tet sind.

re Formgebung von Gebrauchsgegenständen anstrebten. Hoffmanns Palais Stoclet in Brüssel (1905–1911) mutet noch heute wie eine Filmkulisse an; ein Haus aus weißen Kuben, die zu einem zentralen Turm hin aufsteigen. Die Innengestaltung ist licht und hell, dabei reich mit den gold-schimmernden Kunstwerken von Klimt geschmückt.

Ein weiterer Schüler Wagners, Adolf Loos (1870–1933), erklärte in seiner Abhandlung „Ornament und Verbrechen" überflüssigen Dekor als Produkt eines kriminellen Gehirns mit dem Hinweis auf die Tätowierungen von Strafgefangenen in Wiener Gefängnissen. Seine frühen Bauten zeichnen sich dennoch neben der formalen Eleganz und den schmucklosen, strengen Fassaden durch materielle Kostbarkeit (Marmor, Messing, Bronze) aus. Loos glaubte, dass sich der ganze Reichtum eines Hauses an dessen Flächen zu entfalten habe; ein charakteristisches Beispiel hierfür ist das Wohn- und Geschäftshaus am Michaelerplatz in Wien (1910).

Von ganz eigenwilliger, bizarrer Schönheit sind die Bauten des Spaniers Antonio Gaudí (1852–1926). Sie können als steingewordene Vegetation gesehen werden, sind aber

**Wie erkenne ich ?**

ADOLF LOOS
Haus am Michaeler-
platz
Wien, 1910
Adolf Loos, der „Feind
des Ornaments", erhielt
die Baugenehmigung für
dieses Haus nur aufgrund
gefälschter Eingabeplä-
ne. Loos hat den Kontrast
zwischen dem repräsen-
tativen Sockelgeschoss,
das mit wertvollem grü-
nem Marmor verkleidet
ist, und den schlichten,
glatt verputzten Wohn-
etagen bewusst ausge-
spielt. Er war der Auffassung, dass ein Gebäude
eine seinem Zweck ange-
messene Form erhalten
sollte.

Der Bau zeigt in der öffentlichen Zone des Erdge-
schosses Verkleidungen aus grünem griechischem
Marmor. Die Säulen sind ebenfalls aus dem gleichen Marmor, Basen und Kapitelle aus Tombak
oder Zinkguss gefertigt und  mit Messing belegt.
Die glatt verputzten Wohngeschosse darüber treten
als ornamentloses geometrisches Raster in Erscheinung.

auch vergleichbar mit Skeletten von Meerestieren, wie die
vielfach durchbrochenen Türme der Kirche Sagrada Fami-
lia in Barcelona nahelegen: ein nahezu surrealistisches
Bauwerk, an dem bis heute weitergebaut wird.
    Zu den berühmtesten Jugendstilbauten in Deutschland
gehört die Großherzogliche Kunstschule in Weimar, entworfen von dem belgischen Jugendstilkünstler Henry van
de Velde (1863–1957), der sich auch als Gestalter von All-
tagsgegenständen in einer funktionalen Ästhetik einen
Namen gemacht hat.

Die Außenfront der Kunsthochschule erinnert durch die hohen Atelierfenster mit den freiliegenden Stahlstützen an Fabrikbauten. Dazwischen laufen kräftige Pfeiler, die abrupt zur Dachschräge hin enden. Im Mittelrisalit führen sie über die Traufhöhe hinaus. Einzig die fein ziselierten Balkongitter weisen auf den Jugendstil hin.

## ANTONIO GAUDÍ
### Kirche Sagrada Familia
Barcelona, ab 1882

Diese Kirche scheint dem wirren Traum eines Architekten entsprungen zu sein: Die vier riesigen Türme recken sich wie die Skelette einer Korallenkolonie in den blauen Himmel Barcelonas. Nicht minder skurril erhebt sich ein gigantisches Portal fast zur gleichen Höhe auf, das von zahlreichen Figuren, aber auch Tieren und Pflanzen belebt wird. Gaudí überwachte den Bau täglich; er war zu diesem Zweck in die Krypta der Kirche gezogen. Bei einer seiner Inspektionen wurde er von der Straßenbahn überfahren und starb wenig später im Krankenhaus. Nach seinem Tod wurde der Bau 1926 wieder aufgenommen, ist aber bis heute nicht abgeschlossen.

## HENRY VAN DE VELDE
### Kunsthochschule, Weimar, 1904–1911 (ab 1919 Bauhaus Weimar)

Die von Henry van de Velde zwischen 1904 und 1911 errichtete Kunstschule in Weimar zählt zu den wichtigsten Bauten des Künstlers und Gestalters. In Anlehnung an zeitgenössische psychologische Theorien (Theodor Lipps, „Einfühlung") suchte van de Velde jedes Formelement nach seiner Bestimmung zu gestalten. Linienführung und Formgebung wurden den Stellungen angepasst, die der Mensch bei der Arbeit und in der Ruhe, bei Spannung und Entspannung einnimmt. Dieses Bestreben führte ihn zu fließenden, einander übergreifenden Formen, wie man dies vor allem an seinen Innenausstattungen (Möbel, Innendekor) sehen kann.

## Pioniere des Stahlbetonbaus in Frankreich

Die Erfindung des Betons reicht bis in die alte römische Baukunst zurück, die dieses aus Steinen und Zement bestehende Material bereits zur Wölbung ihrer Brücken und Kuppeln verwendete. Die moderne Technik des Stahlbetons geht auf eine französische Erfindung zurück, wobei der Beton mit Metallnetzen ausgesteift wurde. Ab 1867 folgte die Aussteifung des Betons mit Rundeisen, so wie es bis heute im Bau gebräuchlich ist, nach dem Erfinder Joseph Monier (1823–1906) später „Moniertechnik" genannt.

Den ersten Bau in der modernen Stahlbetontechnik errichtete der Bauunternehmer François Hennebique (1842–1921). Ab 1898 erschien sogar eine Zeitschrift zu diesem Thema in der Firma Hennebique, die ebenso zur schnellen Verbreitung der neuen Bauweise beitrug wie die Stahlbetonbauten auf der Pariser Weltausstellung 1900. Der Ingenieur, Architekt und Bauunternehmer Auguste Perret (1874–1954) entwickelte dann die für diese Technik so typische Skelettbauweise, die in Anlehnung an den Fachwerkbau aus einem gerüstartigen Stahlbetonrahmen mit Ausfachung bestand. In den Jahren 1902/03 baute er mit dem Haus Rue Franklin 25 in Paris das erste städtische Wohn- und Bürogebäude, das in Grundriss und Fassade konsequent auf die Möglichkeiten dieses Bauverfahrens abgestimmt war.

Auch der Industriebau stellte bald diese neue Bautechnik in ihre Dienste. So schuf der Schweizer Robert Maillart (1872–1940) ca. 40 Stahlbetonbrücken in kühn geschwungenen, einheitlichen Formen. Waren diese Konstruktionen für Spannungsrisse noch sehr anfällig, so konnte der Ingenieur Eugène Freyssinet (1879–1962) diese Technik durch zahlreiche Neuerungen weiterentwickeln: Gewölbe mit darüberliegenden Rippen, gleitende Schalungen und vor allem die Einführung des Spannbetons, der weit höhere

AUGUSTE PERRET
**Wohnhaus in Paris**
1902–1903
Auguste Perret war Anfang des 20. Jahrhunderts der Pionier der Eisenbetonkonstruktion. Das Prinzip des Stahlbetonskeletts ist zwar an der Fassade ablesbar, doch verkleidete Perret die Betonflächen mit ornamentalen Platten. Durch die tiefe Faltung der Fassade und die großteiligen Fenster sind die Wohnungen angenehm hell.

Belastungen übernehmen konnte. Zu seinen Pionierarbeiten gehören zwei Luftschiffhallen in Orly mit einer Wölbung von 62,50 m. Die Jahrhunderthalle in Breslau (1911–1913) von Max Berg zeigt die neu errungene Meisterschaft in der Betonverschalungstechnik, die nun für immer größere Bauten Verwendung fand.

## Neue Materialien: Eisenkonstruktionen

Im Grunde beginnt die Moderne in der Architektur schon viel früher, nämlich mit der Erfindung der Eisenkonstruktion, die zunächst für gigantische Hängebrücken Verwendung fand, wie z. B. für die Hängebrücke von Clifton, Bristol (1830–1836), des englischen Ingenieurs Isambard Kingdom Brunel (1809–1859). Dazu kommen die Eisenskelett-Lagerhäuser mit ihren dorischen Säulen aus Gusseisen, wie beispielsweise die „Albert Docks" in Liverpool (1845 von Jesse Hartley errichtet) sowie der Boatstore an der Werft der Königlichen Marine in Sheerness (1858–1860), der erste mehrstöckige Eisenskelettbau der Welt. Diese Konstruk-

MAX BERG
**Jahrhunderthalle**
Breslau, 1911–1913
Die mächtige Kuppel von 67 m Weite ruht auf vier Bögen, an denen sich vier Apsiden anschließen. Die freiliegenden Betonflächen zeigen eine große Meisterschaft in der Schalungstechnik. Dieser Bau war die bis dahin größte stützenfreie Überspannung eines Raums in Beton.

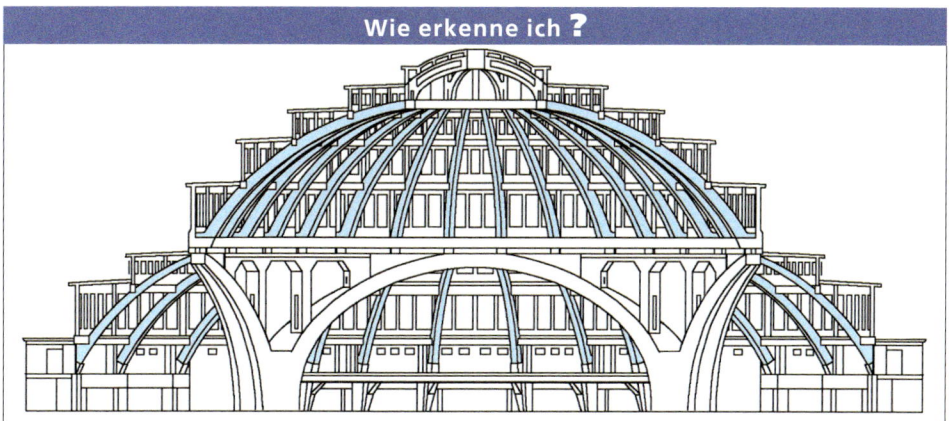

**Wie erkenne ich ?**

Im Aufriss erkennt man die mächtige Konstruktion der Halle aus riesigen Betonrippen und quer gelagerten Bindern und Ringen. 32 sternförmig zusammenlaufende Rippen schließen sich zu der hohen Kuppel zusammen. Die Fenster stehen senkrecht auf konzentrischen Ringen.

tionsweise führte bald zu großartigen Bauten wie den Bahnhöfen in den europäischen Großstädten, den neuen Kathedralen des 19. Jahrhunderts, wie man sie noch heute im Pariser Musée d'Orsay, ursprünglich ein Bahnhof, erahnen kann. Auch die heute abgerissenen Markthallen von Paris waren spektakuläre Eisenbauten. Der berühmteste Eisenbau des 19. Jahrhunderts ist jedoch der Eiffelturm (1887–1898) von Gustave Eiffel (1823–1923), der neben der Galerie des Machines (1889) die technische Sensation auf der Pariser Weltausstellung von 1889 war (s. S. 9).

Bald folgten auch die Architekten diesen Anregungen. Pierre François Henri Labrouste (1801–1875) errichtete den Neubau der Pariser Nationalbibliothek (1859–1867) in dem neuen Material. Der Hauptlesesaal ist mit neun zierlichen Kuppeln aus Terrakotta überdacht, die

**Eiffelturm** Der Eiffelturm wurde aus Trägern von handelsüblichen Maßen und aus Eisen normaler Qualität errichtet. Jeder der durch vier Träger gebildeten Füße ruht auf einem Block von 15 x 8 m, der 5 m tief in die Erde reicht. Zwei Eisenleitungen von 60 cm Durchmesser reichen bis in 18 m Tiefe unter den Wasserspiegel der Seine und dienen als Erdung für den Turm, der als metallenes Gerüst für Blitzeinschläge besonders empfänglich ist. Nach den Berechnungen von Eiffel müsste der Turm einer Windbelastung von 500 km/h standhalten. Bei starkem Sturm, etwa bei 50 m/sec, schwankt die Spitze des Turms unterhalb der Antenne um 12 cm. Die Höhe des Turms beträgt heute einschließlich Fernsehantenne exakt 320,755 m. Von der Spitze des Turms aus, die durch mehrere Aufzüge zu erreichen ist, hat man eine Aussicht, die bis zu 85 km über die Stadt Paris hinausreicht.

PIERRE FRANÇOIS
HENRI LABROUSTE
Nationalbibliothek
Paris, 1859–1867
Die Überwölbung der
Lesehalle mit Pendentif-
kuppeln erinnert an den
Pantheon in Rom, mit
der Ausnahme, dass
hier die Öffnungen ver-
glast sind. Durch die vielen zierlichen Säulen
und Bögen aus Gussei-
sen erinnert die Kon-
struktion eher an ein
Zelt als an einen reprä-
sentativen Bau. Auch
die Büchermagazine be-
stehen aus Gusseisen
und sind so konstruiert,
dass das Tageslicht bis in
die untersten Ebenen
vordringen kann. Der
Zentralbereich ist mit
Metallgitterbrücken
überspannt.

von schmalen gusseisernen Säulen und Bögen getragen
werden. Die Öffnungen in der Mitte der Kuppeln sind ver-
glast und füllen den Raum mit Tageslicht. Auch die Büchermagazine sind aus Gusseisen und so konstruiert, dass das
Tageslicht bis in die untersten Ebenen vordringen kann.
Die Kirche St-Eugène in Paris (1854–1855) von Louis-
Auguste Boileau (1812–1896) erscheint nur von außen
streng gotisch. Im Innern verbirgt sich ein Gerüst aus Gusseisen, aus dem alle Pfeiler, Kapitelle, Gewölbe und Bögen
hergestellt sind.

Unabhängig von seinen Vorteilen war Gusseisen nur bei
Innengestaltungen akzeptiert, nicht jedoch bei der Außengestaltung. Das Skelett eines Gebäudes durfte aus Eisenrahmen bestehen, die Fassade musste jedoch aus Stein ge-
arbeitet sein, wie im vorher genannten Beispiel der Pariser
Kirche oder aber auch in dem reizvollen Universitätsmuse-
um von Oxford (1854–1860) von Benjamin Woodward

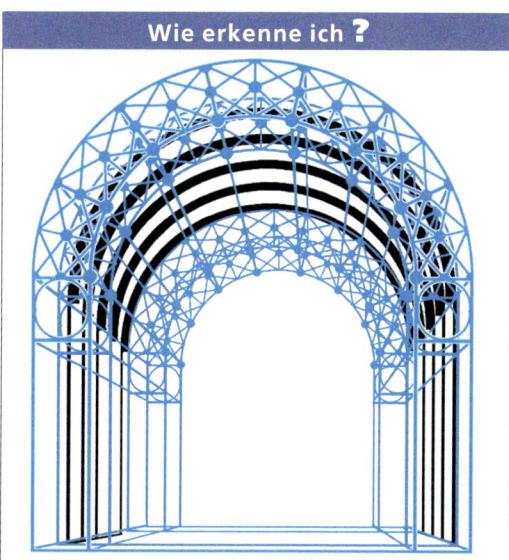

**Wie erkenne ich ?**

Die Konstruktion setzte sich aus Millionen identischer, vorgefertigter Einheiten in einem Netz aus stabilisierenden Röhren zusammen. Dieses Netz konnte durch Stützen, die an den Knotenpunkten festgemacht wurden, in Minutenschnelle aufgerichtet werden.

**JOSEPH PAXTON**
**Kristallpalast**
London (zerstört), 1850–1851

Der Kristallpalast von Joseph Paxton war der Vorläufer aller Eisen-Glas-Konstruktionen des 20. Jahrhunderts. Das Gebäude maß 540 m in der Länge und wurde aus vorgefertigten Teilen an Ort und Stelle montiert. Paxton bezog seine Inspirationen übrigens genauso aus der Technik wie aus der Natur. Aus der genauen Betrachtung eines Seerosenblattes lernte er zum Beispiel, wie größtmögliche Stabilität bei leichtester Konstruktionsweise möglich war.

(1815–1861). Die darin enthaltene Sammlung von Saurierskeletten steht unter einem Wald von Säulen aus Gusseisen, die dem Knochengerüst der Saurier gleichen. Umgeben ist die Halle von einem Gebäude im neugotischen Stil, den damals der Kunstkritiker Ruskin in Konfrontation zur Industrialisierung und ihrer Architektur förderte.

Das radikalste und bedeutendste Bauwerk in dieser neuen Bauweise war aber der Kristallpalast (1850–1851) von Joseph Paxton (1801–1865), einem Gartenarchitekten, der zunächst Gewächshäuser in dieser Konstruktionsweise gebaut hatte, bis er 1851 den

**Auf einen Blick 👁**

Neue Materialien und Techniken wie der Stahlskelettbau und der armierte (d. h. mit Eisennetzen verstärkte) Beton ermöglichten neuartige und gewagte Konstruktionen

Auftrag erhielt, sein Meisterwerk, den Messebau für die Weltausstellung in London zu entwerfen. Der Bau mit seinen 300.000 Glasscheiben wurde dank einer speziellen Montageweise von 2.000 Arbeitern innerhalb von nur drei Monaten errichtet! Die Glasscheiben wurden in einer eigens zu diesem Zweck erbauten Glasfabrik in Birmingham hergestellt und in einer der ersten Dampfeisenbahnen nach London transportiert.

Der Kristallpalast, der später nach Sydenham im Süden Londons versetzt und dort 1936 durch ein Feuer leider zerstört wurde, war nicht nur der Prototyp für viele nachfolgende Glasgebäude wie dem Münchener Glaspalast, sondern wies auch den Weg zu den verglasten High-Tech-Architekturen des 20. Jahrhunderts, wie z. B. dem von Richard Rogers (*1933) entworfenen Glasatrium des Lloyd's Buildings (1978–1986) in der Londoner Innenstadt.

## Amerika: The Chicago School

Die amerikanische Moderne in der Architektur begann mit einer Katastrophe: dem Brand der Innenstadt von Chicago im Oktober 1871 (ein zweites Feuer folgte 1874). Der Wiederaufbau erreichte zwischen 1880 und 1900 seine größte Dynamik. Die neuen in Europa erprobten Konstruktionsverfahren und Bautypen wurden hier risikofreudig und konsequent aufgegriffen und weiterentwickelt. In Montage- und Eisenskelettbauweise entstanden die ersten Hochhäuser wie u. a. das Reliance Building (1890–1894) von Charles B. Atwood (1849–1912).

Entscheidend für den raschen Siegeszug des Hochhausbaus in Amerika waren auch neue technische Erfindungen wie der hydraulische Aufzug, der nun auch die oberen Stockwerke erschloss. Der von William Le Baron Jenney 1879 erstmals verwendete Stahlrahmen war sehr viel druck- und zugfester als das bis dahin eingesetzte Gusseisen und ermöglichte größere Gebäudehöhen. Als neuer Brandschutz, ebenfalls von Le Baron Jenney erfunden,

**Wie erkenne ich ?**

CHARLES B. ATWOOD
**Reliance Building**
Chicago, 1890–1894

Dieser Bau repräsentiert die erste Generation der Wolkenkratzer vielleicht am besten. Die Eleganz des 15-stöckigen Gebäudes basiert auf den ausgewogenen Proportionen des Stahlskeletts. Die Erkerfenster weisen das Gebäude als Relikt des 19. Jahrhunderts aus, während die mit hellem Terrakotta verkleideten Eisenträger bereits das neue Jahrhundert ankündigen.

Das Reliance Building gehört zu den schönsten Wolkenkratzern Chicagos. Seine ästhetische Erscheinung verdankt es dabei weniger einem genialen Bauplan als einem baulichen Zufall: Nach dem Bau von 1890 erfolgte 1895 eine Aufstockung um weitere zehn Geschosse, wobei die Motive des unteren Teils unverändert wiederholt wurden. Dieses Prinzip der „Multiplikation" wiederholt das einfache Motiv der fortlaufenden Fenster und ornamentierten Steifen unverändert über alle Stockwerke.

diente eine keramische Ummantelung, die im Brandfall ein Schmelzen des Eisenskeletts verhinderte.

Der wichtigste Beitrag der neuen Chicago School erfolgte jedoch auf ästhetischem Gebiet. War anfangs die Formensprache der Hochhäuser noch am europäischen Klassizismus orientiert, so entwickelten die führenden Architekten Chicagos nun eine neue, auf Funktion und Konstruktion abgestimmte Formensprache des Hochhauses. Louis Henry Sullivan (1856–1924) schuf mit seinem Büro Adler & Sullivan eine Reihe beispielhafter Hochhäuser in Chicago, Buffalo und Saint Louis, wobei die vertikale Gliederung der Fassade die Struktur des dahinter liegenden Stahlskeletts aufnahm.

Frank Lloyd Wright (1867–1959), einer der originellsten und produktivsten amerikanischen Architekten des 20. Jahrhunderts, begann seine Laufbahn als Mitarbeiter Sullivans. Ausgangspunkt seines Werkes waren allerdings nicht Hochhäuser, sondern die sog. Prairie Houses, die er seit 1890 in der Umgebung Chicagos für vermögende Privatleute errichtete. Die Eingangsfront ist axial angelegt, während sich die Gartenseite asymmetrisch in die Land-

**FRANK LLOYD WRIGHT
Haus für William Fricke**
Oak Park, Illinois, 1901
Wright ließ sich bei seinen Landhäusern von der Weite der amerikanischen Prärie inspirieren. Die sich horizontal erstreckenden Häuser mit den flach geneigten und auskragenden Dächern beziehen die umgebende Landschaft harmonisch ein. Den Häusern fehlt jeder herrschaftliche Villencharakter. Die Eingänge sind eng und verwinkelt angelegt, die Farbgestaltung der Fassade zurückhaltend, den Farben der Natur angepasst. In diesem Beispiel hat Wright auch die Vertikale in der Konstruktion betont und experimentiert mit kubischen Volumina.

## Wie erkenne ich ?

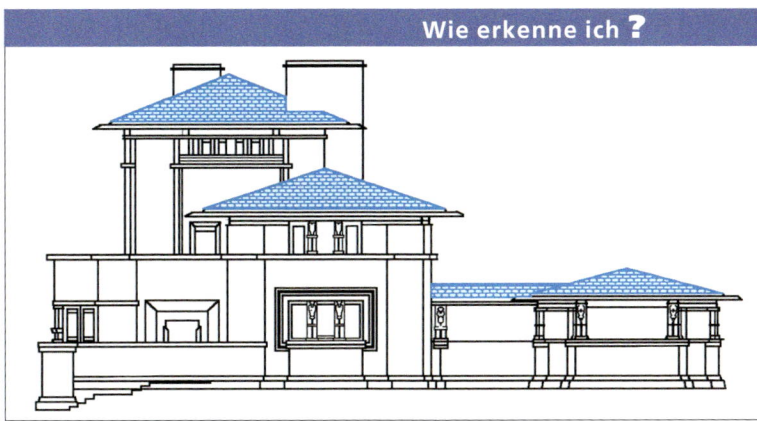

Die sog. Prairie Houses zeigen typische Elemente der Architekturauffassung von Wright: die horizontale Entfaltung des Hausvolumens (wobei in diesem Fall auch die Vertikale betont wurde), die flach geneigten Dächer, farbig verglaste, vorspringende Erker und in die Landschaft ausgreifende Gartenmauern.

**FRANK LLOYD WRIGHT**
**The Solomon R. Guggenheim Museum**
New York, erster Entwurf 1943, erbaut 1956–1959
Mit diesem Museumsbau löste sich Wright vollkommen von den traditionellen Vorläufern des Museums. Anstelle einer Folge von einzelnen Galerieräumen schuf er durch eine Spiralrampe entlang der sich verjüngenden Wände im Innern des Gebäudes eine fortlaufende Raumbewegung. Schaut man von oben herunter, sieht das Gebilde wie das Innere eines Schneckenhauses aus. Mit diesem sehr individuellen Ansatz inspirierte Wright weitere Museumsbauten der postmodernen Ära.

schaft erstreckt. Das erste Architekturprojekt von Walter Gropius am Weimarer Bauhaus, das Haus Sommerfeld von 1923, ging auf diese Art der Landhaus-Architektur zurück. Wright verstand seine Häuser als Gesamtkunstwerk, was nicht nur die Einbettung in die umgebende Natur betraf, sondern auch die liebevolle Art Déco-Ausstattung im Innern.

Höhepunkt des Schaffens von Wright ist der Bau des Solomon R. Guggenheim Museums in New York, 1943 in Auftrag gegeben und nach vielen Auseinandersetzungen mit der Baubehörde erst 1959, sechs Monate nach Wrights Tod, vollendet. Die endlos sich windende Raumspirale im Innern des Museums gehört wohl zu den am häufigsten fotografierten Architekturdetails in der Geschichte der Modernen Architektur.

# Pioniere der Moderne

Der Deutsche Werkbund folgte den Idealen der „Arts and Crafts"-Bewegung, verband sie aber mit den Forderungen der Industrie. Man verurteilte die Flut von billigen industriellen Massenprodukten, ohne jedoch die Maschine zu verdammen. Vielmehr sah man in der Maschinenproduktion die Chance, die Qualität der deutschen Gebrauchswaren zu verbessern und Anschluss an die internationale Konkurrenz zu finden. Die im Werkbund versammelten Architekten entwickelten auch neue Lösungen für den Industriebau, die zeigen, wie vielfältig und fantasiereich die deutsche Architektur in der Weimarer Zeit gewesen ist. Von besonderem Einfluss auf die Entwicklung der internationalen Architektur war die De Stijl-Bewegung, deren  Vertreter vollkommen neuartige, offene Strukturen einführten.

- Welche Aufgaben stellte sich der Deutsche Werkbund?
- Was bedeutet „expressionistische Architektur"?
- Wie verstand De Stijl die Funktion der Architektur?

Erich Mendelsohn, Einsteinturm, Potsdam, 1919–1924

# Der Deutsche Werkbund und seine Architekten

Die bedeutendste deutsche kulturelle Organisation der Vorkriegszeit war der Deutsche Werkbund, der 1907 von einer Gruppe von Künstlern, Architekten und Kritikern in Verbindung mit einigen wichtigen Industriellen gegründet wurde, unter ihnen Peter Behrens, Theodor Fischer, Josef Hoffmann, Richard Riemerschmid, Henry van de Velde, Hermann Muthesius und Friedrich Naumann. „Ziel des Werkbundes ist es, die handwerkliche Arbeit zu veredeln und sie mit der Kunst und der Industrie zu verbinden. Der Bund will eine Auswahl treffen unter den Besten, was Kunst, Industrie, Handwerk und die aktiven handwerklichen Kräfte hervorbringen; er will die in der Welt der Arbeit bestehenden Bemühungen um Qualitätsarbeit koordinieren; er ist Sammelpunkt für alle, die fähig und gewillt sind, Qualitätsarbeit zu leisten." (aus der Satzung)

Die Leitidee einer „Qualitätsarbeit" im Zusammenwirken von Kunst, Industrie und Handwerk entsprang dem Unbehagen an den Erzeugnissen einer expandierenden Konsumgüterindustrie, die – billig und anonym – gängige Muster des Jugendstils reproduzierte. Auch das Industrieprodukt sollte die „gute Form" erhalten, bei entsprechender Qualität in der Ausführung. Mit dem Begriff „Deutsche Wertarbeit" meinte man nicht nur den Anschluss an die kunsthandwerklichen Ideale von „Arts and Crafts", sondern suchte darüber hinaus den Forderungen der Industrieproduktion nachzukommen, was Morris noch vehement abgelehnt hatte. So wurden Architekten von großen Firmen mit der Aufgabe betraut, nicht nur die neue Fabrikarchitektur zu schaffen, sondern in Form einer umfassenden Produktgestaltung das gesamte Erscheinungsbild der Firma zu prägen, wie im Falle des Elektrounternehmens AEG, das 1907 Peter Behrens (1868–1940) zum „künstlerischen Beirat" ernannte.

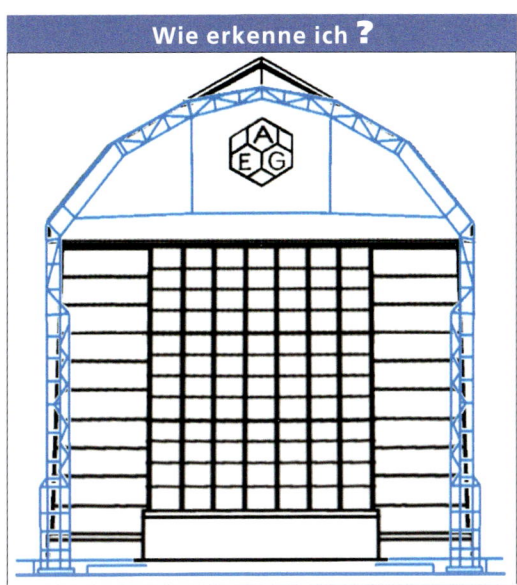

**PETER BEHRENS**
**Turbinenhalle der AEG**
Berlin, 1908–1909
Bildarchiv Foto Marburg

Peter Behrens verwandelte eine unspektakuläre Montagehalle der Elektroindustrie in einen Tempel der Arbeit. Die Halle wird so zu einer Inkunabel der modernen Industriearchitektur. Mitten im Berliner Stadtteil Moabit gelegen, strahlt sie schon von Weitem sichtbar das neue Werbekonzept des Architekten aus. Das von Behrens entworfene Firmenlogo, die sechseckige AEG-Wabe, ziert anstelle des früher üblichen figürlichen Schmucks auch das Giebelfeld der Halle. Selbst der Umriss des Giebels ist aus der Wabe abgeleitet.

Behrens versteckte die Tragwerksysteme nicht mehr hinter dicken Mauern, sondern stellte sie offen zur Schau. Das stählerne Skelett durchdringt die Fassadenhaut, gliedert und empfängt den Baukörper wie ein stützendes Korsett. An die Stelle senkrechter, massiver Mauern treten schräg geneigte, gläserne Membranen. Die Halle bezieht ihren Reiz aus der Ästhetik des Rohbaus. Die im Innenraum zerbrechlich wirkenden, lichtdurchfluteten Fachwerkträger verwandeln sich außen in vollwandige Kastenträger. Sie verleihen dem Skelett in der Straßenansicht eine plastische Anschaulichkeit, wie sie auch die Säulenarchitektur der klassischen Tempel kennzeichnet.

Neben Lampen, Ventilatoren und Broschüren schuf Behrens zahlreiche Fabrikbauten für die AEG, die beispielhaft für die neue Industriearchitektur stehen. Während im Innern die Ausstattung durch den Produktionsprozess und die dazu nötigen Anlagen vorgegeben war, suchte Behrens in der Außengestaltung durch aus der Klassik entliehene „Würdeformeln" (Giebelfeld, geometrische Dekors) das Werk und die darin verrichtete Arbeit zu „veredeln".

PETER BEHRENS
Gaswerk
Frankfurt a. M., 1911–1912
Das Gaswerk in Frankfurt
erinnert in seiner massi-
ven, monumentalen
Wuchtigkeit an eine
romantische Ritterburg.
Dem aufgemauerten
Ziegelfachwerk aufge-
setzt sind zwei kreisrun-
de, vorkragende Turmkro-
nen, deren glatt verputzte
Fassaden den erhabenen
Eindruck des Bauwerks
unterstreichen. Hinzu
kommen stilisierte umlau-
fende Ornamente und
ornamental wirkende
Fensterbänder, die den
profanen Industriebau
weiter „veredeln".

Die Fabrikbauten der folgenden Jahre, bei denen das tragende Stahlskelett mit Ziegeln verkleidet wurde, stehen
dem konventionellen Industriebau der Zeit näher. Aber
auch hier gelingen Behrens durch expressive Übersteige-
rung von Baudetails individuelle und Impulse gebende
Leistungen (Hochspannungsfabrik, 1909–1910; Kleinmo-
torenfabrik, 1910–1913; Montagehalle für Großmaschinen,
1912). In den frühen 20er Jahren schuf er mit der großen
Halle der Farbwerke Hoechst eines der Hauptwerke der expressionistischen Architektur.

Walter Gropius, Sohn eines wohlhabenden Berliner Beamten und Architekten, arbeitete in Behrens' Atelier,
machte sich jedoch bald mit eigenen Entwürfen selbst-
ständig. Bekannt wurde er mit seinem neuartigen Indus-

**Wie erkenne ich ?**

WALTER GROPIUS
**Schuhleistenfabrik Fagus**
Alfeld/Leine, 1910–1914
Der Industriebau wurde für Walter Gropius zu einem Hauptbetätigungsfeld. Mit seinem ersten Auftrag für die Schuhleistenfabrik Fagus gelang es ihm, seine Ideen in überzeugender Weise umzusetzen. Im Gegensatz zu Behrens hat Gropius keinen Tempel gebaut, sondern einen sachlichen, der Arbeit angemessenen Bau geschaffen. Durch Weglassen der Ecküberspannung zeigte Gropius die Möglichkeiten maximaler Transparenz im Skelettbau der Zukunft auf, wie er ihn  dann im Bauhaus Dessau verwirklichen sollte.

Die Fassade des Hauptgebäudes ist von der Seite her gesehen von schwebender Transparenz. Dies erreichte Gropius durch die Auflösung der Fassade in schmale, rahmende Ziegelpfeiler, zwischen die Eisenrahmen geschoben wurden, welche die großzügige Verglasung sowie grau gestrichene Blechtafeln im Brüstungsbereich aufnehmen. So entstand ein entkerntes, transparentes Gehäuse von „präziser, klarer, sachlicher Schönheit".

triegebäude, der Schuhfabrik Fagus in Alfeld an der Leine. Im Unterschied zu den dramatischen, massiven Bauten von Behrens und Hans Poelzig (1869–1936) wirkt die Fabrik schlicht und einladend. Mit Ausnahme des Schornsteins wird kein Baukörper den anderen gegenüber besonders betont; ruhig und gedämpft ist die Sprache der einzelnen, den verschiedenen Funktionen dienenden Elemente. Nicht einmal der Gesamtgrundriss weist ausgefallene kompositorische Bestrebungen auf, die einzelnen Bauteile sind auf einfachste und sparsamste Weise angeordnet.

Bei Gropius' zweitem wichtigen Werk, der Musterfabrik auf der Werkbundausstellung 1914, überwiegen dagegen die repräsentativen Gesichtspunkte. Gropius übernimmt hier formale Anregungen von Behrens und Wright, die jedoch nicht immer optimal miteinander kombiniert sind. An der Rückfront des Bürogebäudes zeigte Gropius zum ersten Mal die ganz ihrer tragenden Funktion enthobene Vorhangwand aus Glas (Curtain Wall). Die runden, verglasten Treppentürme, die die Fassade flankierten, wurden zu Prototypen eines bis heute geläufigen Architekturmotivs.

**WALTER GROPIUS**
Musterfabrik auf der Werkbundausstellung in Köln 1914
Gropius hat verschiedene Stilformen gemischt: In der Sockelzone zitiert er seinen Vorgänger Peter Behrens, in der Mitte greift er auf seine Erfahrung im Fagus-Werk zurück. In den großen überkragenden Flachdächern werden Erinnerungen an die Prairie Houses von Frank Lloyd Wright wachgerufen.

**Kölner Werkbundausstellung 1914** Die Kölner Werkbundausstellung von 1914 zeigte kurz vor Ausbruch des Ersten Weltkrieges einen Überblick über alle kulturellen Aktivitäten und Innovationen seit Gründung des Bundes 1907. Die für die Ausstellung geplanten und am Rheinufer errichteten Bauten präsentierten die gesamte Bandbreite der damaligen architektonischen Avantgarde, vom Jugendstil bis zur neuen Fabrikarchitektur. Während die Musterfabrik von Walter Gropius die neue angestrebte Einheit in Form, Funktion und Ästhetik noch nicht ganz erreichte, zeigte das Werkbundtheater von Henry van de Velde, ein Gesamtkunstwerk von Architektur und Innenausstattung, noch einmal die Ideale des Jugendstils.

Der aus heutiger Sicht interessanteste Bau befand sich außerhalb des Ausstellungsgeländes, der Glaspavillon von Bruno Taut (1880–1938). Taut verband mit dem neuen Werkstoff Glas die Utopie einer besseren Welt, wie sie auch der Schriftsteller Paul Scheerbart (1863-1915) vertrat, dessen Bücher eine utopische Welt auf der Basis einer Glasarchitektur („Glück ohne Glas, wie dumm ist das!") beschreiben. Auch Taut hatte sich in mehreren Schriften mit utopischer Architektur beschäftigt („Alpine Architektur, „Die Stadtkrone", 1919/20). Der Glaspavillon war im Auftrag der Glasindustrie entstanden und sollte ganz pragmatisch für diesen Werkstoff Reklame machen.

# Expressionistische Architektur

Erich Mendelsohn (1887–1953) baute bis 1919 nichts, wurde aber bereits vorher bekannt durch seine Skizzen fantastischer Architektur, die 1919 in der Galerie Cassirer in Berlin ausgestellt worden waren und später unter dem Titel „Architektur in Eisen und Beton" veröffentlicht wurden. Unter diesen Entwürfen befand sich ein zunächst funktionsloser Turmbau, der auch auf der Titelseite der „Berliner Illustrierten" gezeigt wurde. 1920 bietet sich Mendelsohn die Gelegenheit, diese Skizze für einen Auftrag aufzugreifen: die Einstein-Sternwarte in Potsdam. Es ist der Versuch, eine „plötzliche Vision" in die Wirklichkeit zu übertragen. Tatsächlich steigt der Einsteinturm wie eine futuristische Plastik aus dem Boden. Als geeignetem Material, um diese Architekturvision umzusetzen, dachte man zunächst an Stahlbeton, der wegen seiner Plastizität dafür geschaffen schien, die Architektur von den Fesseln des Quaders und

ERICH MENDELSOHN
Einsteinturm
Potsdam, 1920
Der Neubau eines Sonnenobservatoriums zur praktischen Überprüfung von Einsteins Relativitätstheorie stellt ein Bauwerk von großer Ausstrahlungskraft dar. Der Einsteinturm hat kein Vorbild in der Architekturgeschichte, er ist entstanden aus Zeichnungen, die Mendelsohn noch in den Schützengräben des Ersten Weltkrieges angefertigt hatte. Der aus dem Boden pilzförmig wachsende Baukörper stellt in seiner plastischen Ausbildung einen architektonischen Organismus dar. Die plastische Konzeption stieß bautechnisch jedoch bald an ihre Grenzen. Der Gussbeton konnte aus schalungstechnischen Gründen nicht in die gewünschten Formen gebracht werden. Der Hauptteil des Baukörpers ist daher aus herkömmlichem Ziegelmauerwerk gebildet und mit einem dicken Zementputz überdeckt.

ERICH MENDELSOHN
Kaufhaus Schocken
Stuttgart, 1926–1928,
1960 abgerissen
Mendelsohn wollte die
Dynamik der Großstadt
in seinen Bauten wider-
spiegeln. Die Kaufhäu-
ser für die Fa. Schocken
zeichnen sich durch Be-
wegtheit in der Fassa-
dengestaltung aus. Die
Fronten des Stuttgarter
Kaufhauses unterstrei-
chen die Dynamik mit
den durch die Bauord-
nung bedingten unter-
schiedlich hohen Fassa-
den. Diese laufen auf
zwei kontrapunktisch
angeordnete Treppen-
türme zu, die wie Wen-
depunkte die Bewe-
gung aufnehmen und
weitergeben. Der voll-
verglaste Haupttreppen-
turm leitet die Bewe-
gungsströme nach
außen ab.

der übereinanderliegenden Stockwerke zu befreien. Da damals aber noch die Technik fehlte, den Beton in ge- krümmte Formen zu gießen, griff man wieder auf Ziegel- werk zurück, das anschließend mit Zement überzogen wurde.

   Nach seinem furiosen Karrierestart mit dem Einstein- turm erhielt der junge Baumeister weitere Großaufträge, wie z. B. die Hutfabrik in Luckenwalde. Zum Wahrzeichen der symmetrisch durchkomponierten Industrieanlage wurde der den Produktionshallen mittig vorgelagerte Baukörper der Färberei. Seine facettierten Flächen bilden eine kristalline Skulptur und knüpfen damit wieder an die Architekturvisionen der Vorkriegszeit an. Zeitgleich mit der Luckenwalder Hutfabrik war Mendelsohn mit der spektakulären Aufstockung des Mosse-Hauses, in dem das „Berliner Tageblatt" gedruckt wurde, beschäftigt. Dem düster historistischen Altbau setzte der revolutionäre Ar-

ERICH MENDELSOHN
Entwurfsskizzen zu den
Kaufhäusern

chitekt eine schiffsbugartige Konstruktion auf, die mit ihrer horizontalen Gliederung das Tempo der Straße aufnehmen und betonen sollte.

Mendelsohns größte Erfolge setzten aber nach 1925 ein, als die deutsche Bauproduktion wieder an Aufschwung gewann. Für die Firma Schocken entwarf er eine Reihe vorbildlicher Kaufhäuser, 1926 in Nürnberg und Stuttgart, 1928 in Chemnitz. Der Baukörper ist auf die einfachste Form gebracht, einen Block mit vielen Stockwerken, die außen von Fensterreihen bezeichnet werden. Die Fensterreihen betonen mit ihrem Verlauf den Rhythmus des Volumens. 1928 baute Mendelsohn das Kino Universum auf dem Berliner Kurfürstendamm und setzte auch hier dem neuen Medium Film ein frühes Denkmal in einer innovativen Architektursprache.

Mendelsohns letzter Bau in Deutschland war das repräsentative Columbus-Haus am Potsdamer Platz in Berlin, das allerdings wenig später durch die Gestapo entweiht wurde. 1933 emigrierte der Architekt mit seiner Familie nach England und 1939 nach Palästina, wo er in Jerusalem noch bis 1941 Universitätsgebäude, Privathäuser und später auch die Residenz des ersten Präsidenten Israels, Chaim Weizmann, plante.

Zu den Höhepunkten der expressionistischen Bewegung in der Architektur gehört zweifellos das Chilehaus in Hamburg von Fritz Höger (1922–1924). Das nach den Geschäftsbeziehungen und den Salpeterfabriken der Reederfamilie Sloman so genannte Chilehaus war der erste Großbau im berühmten Kontorhausviertel. Es wurde auf dem leergeräumten Terrain eines 1892 von der Cholera heimgesuchten, dicht bewohnten Viertels aus Eisenbeton errich-

FRITZ HÖGER
Chilehaus
Hamburg, 1922–1924
Der Schriftsteller Rudolf
Binding hat das Chile-
haus als Musterbeispiel
der expressionistischen
Architektur beschrieben:
„Auf einem schmalen,
zungenhaften Fetzen
Land, über Hunderte von
Metern hinausgezogen,
an einem Ende in den
spitzesten aller Winkel
auslaufend, am anderen
breiteren Ende an schon
bestehende Gebäude
angewurzelt, erhebt
sich, zu jener Spitze
förmlich hineilend, ein
einziger Häuserleib: ge-
streckt wie eine Forelle,
schlank wie ein Schiff,
hinauswehend wie ein
Fittich, ununterbrochen
und ungebrochen wie
eine Sternenbahn, un-
heimlich leicht und un-
heimlich stark wie die
Schwungfeder eines
Adlers und entrollend
wie eine Fahne im
Wind."

tet und mit 4,8 Millionen hart gebrannten, dunklen, farbig
schimmernden Oldenburger Klinkern ausgefacht. Das Chilehaus ist dank seiner eigenwilligen Form, die an einen
Schiffsbug erinnert, ein temperamentvoller, expressiver
Bau. Dazu tragen auch die keramischen Tier- und Figur-
plastiken des Bildhauers Richard Kuöhl bei.

   Die expressive Strömung der Architektur scheint sich vor
allem im Norden ausgebreitet zu haben. Ein vorzügliches

## Wie erkenne ich ?

Fritz Höger hat beim Bau des Chilehauses an einen Ozeandampfer gedacht, mit dem der Salpeter aus Chile abtransportiert wurde: Ein scharfer Bug mit dem chilenischen Staats-Kormoran als Galionsfigur; statt eines Daches drei Staffelgeschosse mit weit auskragenden Balkongesimsen wie die Oberdecks eines Passagierdampfers; dreieckige Rippen in der Fassade, die in der Schrägsicht die Fenster wie in einer Bordwand verschwinden lassen; eine elegante, s-förmig geschwungene Südfassade; gotisierendes Spitzbogendekor an Vorbauten und Arkaden und anderes Schmuckwerk lassen an Bugwellen denken.

Beispiel für eine solche expressive Auffassung der Architektur ist die Fassade der Grundtvigs-Kirche in Kopenhagen, die Peder-Vilhelm Jensen-Klint (1853–1930) von 1921 bis 1926 erbaute. Mit der berühmten Stadtbibliothek von Stockholm, erbaut von Gunnar Asplund (1885–1940), zeigt sich bereits die Wende zum Funktionalismus, wie sie sich in den Bauten für die Stockholmer Ausstellung von 1930 kurz darauf vollzieht. Die Rotunde, als Herzstück des Wissens, liegt in der Mitte des Bauwerks wie eine Krone, die von drei

GUNNAR ASPLUND
Stadtbibliothek
Stockholm, 1920–1927
Die Rotunde der Stadtbibliothek definiert die Mitte des Bauwerks und setzt ihm gleichsam die Krone auf. Bollwerkartig legen sich die äußeren Riegel um den Rundbau und rücken ihn vom Straßenraum ab. Dennoch bleibt der Zylinder, der aus der Mitte des scharf geschnittenen Kubus herausstößt, ein weithin sichtbarer Blickfang. Er beherbergt die zentrale Ausleihehalle, die über zwei Wegachsen kreuzförmig erschlossen wird. Die lange Rampe vor dem Gebäude führt direkt hinauf in den lichtdurchfluteten Raum der Halle hinein, die von drei Regalgeschossen gesäumt wird.

HENDRIK PETRUS
BERLAGE
Börse in Amsterdam
1896–1903
Die Börse in Amsterdam
gilt als Auftakt der
Modernen Architektur.
Sie besteht aus einem
großen und zwei klei-
neren Börsensälen, um
die herum u. a. die
Büros der Industrie- und
Handelskammer, ein
Postamt und eine Kanti-
ne gruppiert sind. Heute
beherbergen die Räu-
me, in denen früher mit
Getreide und Wert-
papieren gehandelt
wurde, Konzert- und
Veranstaltungssäle.

horizontal gestreckten Seitenflügeln U-förmig eingefasst
wird.

In der Amsterdamer Schule vollendet sich der Umgang
mit den expressiven Möglichkeiten des Ziegelwerks. Ausgangspunkt war die Amsterdamer Börse (1897–1903) von
Hendrik Petrus Berlage (1856–1934). Noch im 19. Jahrhundert geplant, zeigt der endgültige Bau die „neue Ehrlichkeit" im Bauen, die den Funktionalismus der 20er Jahre
vorwegnimmt. Kennzeichnend für das Gebäude ist, dass
die Konstruktion nicht dem Blick entzogen, sondern wie im
Beispiel der stählernen Dachstuhlkonstruktionen der
Glasdächer über den Sälen direkt gezeigt wird.

## MICHEL DE KLERK
u. a.
### Het Scheep
Wohnblock in Amsterdam, 1913–1919
Die Wohnsiedlung Het Scheep (Das Schiff) umfasst mehrere Straßenzüge im Amsterdam. Die Bewohner haben diesen Wohnblock so betitelt, weil er wie ein Schiff in die Umgebung ragt. Baudetails wie die auskragenden Erker über den Hauseingängen unterstreichen diesen maritimen Eindruck. Das „Heck" des Wohnblocks wird von einem hohen Turm überragt, der ursprünglich von einem Hahn bekrönt war, Symbol der holländischen Sozialdemokratie. Kennzeichen der Amsterdamer Schule ist der expressive plastische Dekor ihrer Wohnungsbauten.

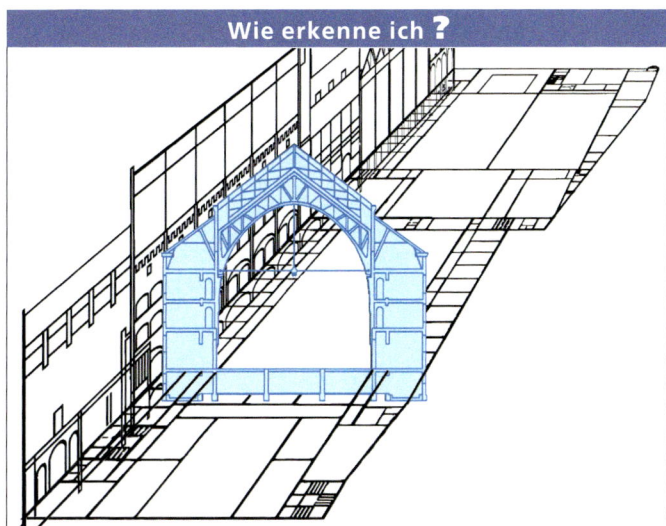

**Wie erkenne ich ❓**

Das Gebäude ist bereits Vorbote der funktionalen Architektur des 20. Jahrhunderts, indem die innere Konstruktion nicht mehr dem Blick durch schmückende Verkleidungen entzogen wird. So werden z. B. die stählernen Dachstuhlkonstruktionen der Glasdächer über den großen Sälen deutlich gezeigt. Der äußere Bau ist von schlichter Einfachheit, ohne schmückendes ornamentales Beiwerk. Berlage sprach von „impressionistischer Baukunst", einer Architektur mit großzügigen Flächen und einfachen Konturen, die auf historisierende stilistische Details verzichtet.

Jüngere Architekten, wie Michel de Klerk (1884–1923), Johan Melchior van der Mey (1878–1949) und Pieter Lodewijk Kramer (1881–1961), griffen die dekorativen Möglichkeiten des Ziegelbaus wieder auf. Das „Scheepvaartshuis" in Amsterdam, eine große Wohnanlage, spielt mit den dekorativen Versatzstücken älterer Stile, übersetzt sie aber in die holländische Nüchternheit.

**Auf einen Blick ◉**

Die architektonischen Bemühungen der Zeit nach dem Ersten Weltkrieg waren vielfältig zwischen expressionistischen Bauten und neuen Siedlungsbauten gespannt

# „Organhaftes Bauen"

Gegenüber den kristallinen Utopien von Bruno Taut und den futuristischen Entwürfen von Erich Mendelsohn wirken die Vorschläge eines „organhaften Bauens" geradezu vernünftig und rational. „Organhaftes Bauen hat gar nichts mit der Nachahmung von Organwerken der geschöpflichen Welt zu tun. Die entscheidende Forderung, die man vom Standpunkt der Organik aus stellt, ist die, dass die Gestalt der Dinge nicht mehr von außen bestimmt wird, sondern dass sie in der Wesenheit des Objekts gesucht werden muss." (Hugo Häring)

Was Hugo Häring (1882–1958) damit meint, demonstrierte er an einem Kuhstall für das Gut Garkau in Schleswig-Holstein. Das Vieh steht hier nicht in langen Reihen nebeneinander, sondern um einen birnenförmigen Futtertisch herum. Über dem Stall liegt der Heuboden, sodass das Streufutter durch eine Deckenluke direkt auf den Futtertisch geschüttet werden kann. Zur optimalen Entlüftung wurde die Decke leicht nach innen geneigt. Die aufsteigende warme Luft wird so zur Außenmauer geführt, wo sie durch einen umlaufenden Schlitz zwischen Decke und Wand abziehen kann. Ziel war es, die Form zu finden, die den Ansprüchen der Leistungserfüllung des Bauwerks am einfachsten und unmittelbarsten entsprach.

HUGO HÄRING
**Kuhstall von Gut Garkau bei Lübeck,** 1924–1925
In diesem Fall wurde die Stahlkonstruktion hinter das Mauerwerk gelegt und damit den Blicken verborgen. Teile des horizontalen Rahmens erscheinen als helle Bänder im Ziegelmauerwerk. Der Bau war ursprünglich unbemalt, wurde dann aber in den 30er Jahren in der vertikalen Stulpverschalung von Heuboden und Silo grün gestrichen.

## Wie erkenne ich ?

Im Grundriss erkennt man die „organhafte Bauweise" deutlich. Der Viehstand für den Zuchtbullen und die 41 Milchkühe ist birnenförmig gestaltet, während andere Räume wie Ausbuchtungen vorkragen.

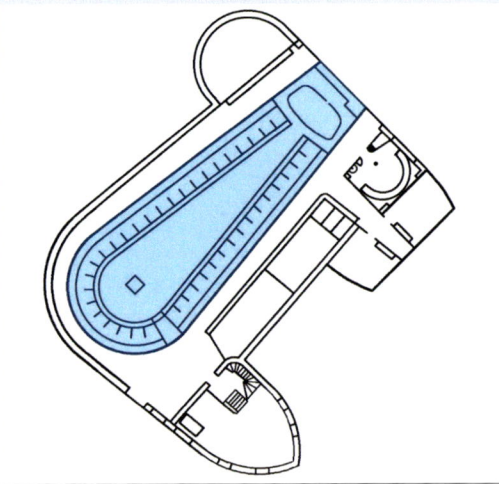

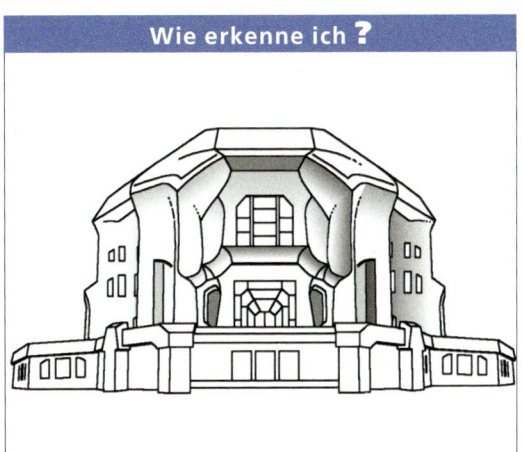

## RUDOLF STEINER
### Goetheanum II, Dornach, 1923–1928

Der zweite Bau des Goetheanums, nach dem Brand des ersten Holzbaus, zeigt den Erfindungsgeist von Rudolf Steiner auch im „organhaften Bauen". Der expressive Bau in Stahlbetonbauweise besitzt eine vielfach gekantete, facettenartige Fassade, die von einem organisch ausschwingenden Dach überragt wird. Der Bau steht auf einem Sockel, der ein Untergeschoss abtrennt und das gesamte Gebäude wie einen Kristall präsentiert. In der Vorderfront ist ein großes Panoramafenster eingelassen.

Der Bau wirkt nicht funktional, sondern wie eine expressionistische Plastik. Das Hauptgebäude ist von einer Reihe unterschiedlicher Wohn- und Nutzbauten umgeben, die in einer dynamischen Beziehung zueinander stehen. Das weit vorkragende Dach hält alle diese Räume wie unter einer schützenden Hand zusammen. Die vor- und zurückschwingende Fassade wird von unterschiedlichen Fensterformen zusätzlich rhythmisiert.

Neben Häring gehörte auch Hans Scharoun (1893–1972) zu den bedeutenden Vertretern der „Organischen Architektur" in Deutschland. Seine Auffassung vom „organischen Bauen" verwirklichte er erstmals in einem Einfamilienhaus in der Stuttgarter Weißenhofsiedlung (1927) und im Wohnheim der Werkbundsiedlung in Breslau (1929).

Zu den bekanntesten Bauwerken dieser „organischen" Richtung der Architektur gehört das Goetheanum in Dornach. Nach dem Brand des ersten Holzbaus entstand nach den Plänen von Rudolf Steiner (1861–1925) ein zweiter Bau, der ganz aus Stahlbeton errichtet wurde. Der expressiv

### Auf einen Blick ☯

Unter „organhaftem Bauen" verstand man eine Architektur, die dem Vorbild der Natur folgen sollte

wirkende Bau zeigt eine vielfach gekantete, facettenartige
Fassade, die von einem organisch ausschwingenden Dach
überragt wird. Für Steiner, den Begründer der Anthroposo-
phie, war Architektur nicht die Suche nach Übereinstim-
mung von Form und Funktion, sondern Vision eines „inne-
ren Formschaffens", das Natur in Architektur umsetzen
sollte.

Auch der finnische Architekt Alvar Aalto (1898–1976)
gehört zu den Vertretern einer „organischen Architektur".
Sein Tuberkulose-Sanatorium in Paimio, Finnland (1929–
1933), gehört zu den unbestrittenen Ikonen der Modernen
Architektur. Der wuchtige weiße Baukörper mit den vielschichtig versetzten Gebäudeteilen vereint rationale Bau-
planung mit einem hohen ästhetischen Reiz, wie er sich
auch in der Inneneinrichtung fortsetzt, z. B. in Aaltos „Pai-
mio-Stühlen" aus gebogenem Birkensperrholz.

ALVAR AALTO
Sanatorium
Paimio/Finnland, 1929–
1933
Aalto hat die für ver-
schiedene Zwecke be-
stimmten Flügelbauten
fächerförmig in den an-
grenzenden Kiefernwald
gruppiert. Die Patienten-
zimmer finden ihre Fort-
setzung in nach Süden
ausgerichteten offenen
Liegehallen. In der Mitte
liegt ein kollektiver Ge-
bäudeteil mit Speisesaal,
Aufenthaltsräumen und
Bibliothek. Im Norden,
am weitesten von den
Patientenzimmern ent-
fernt, befindet sich das
Wirtschaftsgebäude mit
Küche und Wäscherei.

**J. J. P. OUD**
**Café De Unie**
Rotterdam, 1924–1925
Oud gestaltete lediglich die Fassade des Cafés De Unie in Rotterdam. Eingezwängt zwischen zwei mächtigen Baublöcken in der historisierenden Formensprache stellte diese De Stijl-Gestaltung eine Provokation dar. In der Sockelzone war das Café hinter großzügigen Glasfronten untergebracht, die oberen Stockwerke waren glatt verputzt und trugen die Schriftzeichen des Cafés. Der zweite Stock zeigte zudem eine Ziegelverfachung, die rot bemalt worden war. Die anderen De Stijl-Farben Blau und Gelb fanden sich in den Fensterlaibungen.

# Der Neo-Plastizismus in der Architektur

In der von Piet Mondrian (1872–1944) und Theo van Doesburg (1883–1931) 1917 in Holland gegründeten Kunstrichtung De Stijl sollte nicht nur die Malerei erneuert werden, sondern die gesamte Umwelt nach den Regeln des Neo-Plastizismus umgestaltet werden. Kennzeichen dieses neuen Stils war die Reduktion auf Grundfarben und Grundformen. Diese Abstraktion wollte die sinnliche Wahrnehmung der sichtbaren Wirklichkeit ganz ausschalten. Sie beschränkte sich auf die gerade Linie und ein daraus abgeleitetes rechtwinkliges Kompositionsgitter sowie auf die drei Grundfarben Gelb, Rot und Blau und die drei Unbuntfarben Weiß, Grau und Schwarz. Ziel dieses ästhetischen Purismus war die Reinigung der Kunst von allen gegenständlichen Schlacken. Diese gereinigte Kunst war nicht nur Gleichnis der kosmischen Harmonie, sondern sollte auch alle Lebensbereiche durchdringen. Daher sind die Prinzipien dieses Neo-Plastizismus nicht nur in Malerei und Plastik, sondern auch in der Architektur zur Anwendung gekommen.

Der führende Architekt in der De Stijl-Gruppe war Jacobus Johannes Pieter Oud (1890–1963), der zu jener Zeit (1918–1933) Stadtarchitekt von Rotterdam war. Vor ganz pragmatische Aufgaben (z. B. Reihenhaussiedlungen) gestellt, tat sich Oud schwer, die geforderten Prinzipien des De Stijl in der Architektur umzusetzen. Zumindest zeugen zwei Projekte von seinen Versuchen: das Reihenhausprojekt für Scheveningen (1917) und das nicht mehr erhaltene Café De Unie in Rotterdam (1924/25), bei dem die Fassadenfläche wie eine malerische De Stijl-Komposition in den Primärfarben Rot, Gelb, Blau und den Unbuntfarben Schwarz und Weiß behandelt wurde.

Die umfangreichen Siedlungsprojekte, die Oud in Rotterdam verwirklicht (Oud-Mathenesse 1922, Kiefhoek 1925, Hoek van Holland, 1924–1927), verlassen die neo-plastische Methode der Zerlegung der Flächen und stoßen daher auf die Ablehnung des Cheftheoretikers der De Stijl-Bewegung, Theo van Doesburg. Von allen De Stijl-Mitgliedern beschäftigte sich van Doesburg am intensivsten mit der architektonischen Umsetzung des Neo-Plastizismus. Zusammen mit dem Architekten Cornelis van Eesteren

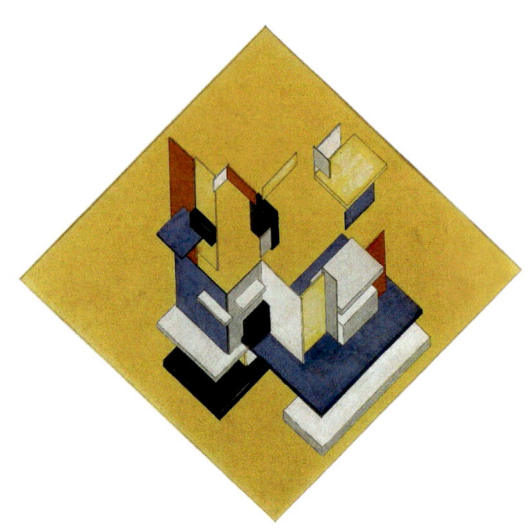

(1897–1988) entwirft van Doesburg zwei Häuser, deren Modelle in der Ausstellung „Die Architekten der De Stijl-Gruppe" in der Pariser Galerie L'Effort Moderne vorgestellt wurden.

Beide Modelle zeigten vielfach verschobene und ineinander gestaffelte Raumkuben, die die üblichen Schauseiten der Gebäude aufsprengen, wie es Oud 1918 bei der Beurteilung der Rolle von Wright beschrieben hatte: „Wright hat die Grundlagen für eine neue Plastizität in der Architektur gelegt. Die Massen schießen in alle Richtungen, vorwärts, rückwärts, nach rechts, nach links... Auf diese Weise wird sich die Moderne Architektur zunehmend in einen Prozess der Reduktion auf positive Proportionen entwickeln, vergleichbar mit der Modernen Malerei."

Das Atelierhaus, das sich van Doesburg in den letzten Lebensjahren bauen ließ, diente praktischeren Zwecken und hatte mit der De Stijl-Ästhetik nicht mehr viel zu tun. In der schlichten Grundform, eine Verbindung von Kubus und rechteckigem Block, war dieses Haus eine Rückwendung zu einer ausführbaren Baukonstruktion.

THEO VAN DOESBURG
Maison particulière, Kontra-Konstruktion
Stedelijk-Museum, Amsterdam, 1915
In den mit schwarzer Tusche eingezeichneten Konstruktionen sind die tragenden und getragenen Elemente auf Linien und Flächen reduziert. Das Traggerüst wird als eine Komposition ausgewogener Proportionen sichtbar. Die Primärfarben sowie Schwarz, Weiß und Grau sollen die Konstruktionszeichnung akzentuieren. Der im Titel der Zeichnung stehende Begriff „Kontra-Konstruktion" bezieht sich auf die Gleichzeitigkeit von Konstruktion und Destruktion, die bautechnisch natürlich nicht ausführbar war.

THEO VAN DOESBURG
Farbentwurf für den
Fußboden und die bei-
den Längswände des
großen Festsaals
The Museum of Modern Art,
New York, 1927
Die Farbkompositionen
für das Café L'Aubette
gehen auf die Gemälde
von van Doesburg zurück.
In den oberen Festsälen
treffen die orthogonalen
Formen des De Stijl auf
die dynamischen diago-
nalen Formverläufe, die
van Doesburg zur Rhyth-
misierung seiner Bilder
eingeführt hatte. Das
Farbmaterial bestand aus
Ripolin, einem damals
neuen Kunstharz, der für
Wandanstriche Verwen-
dung fand.

In der Innengestaltung des Cafés L'Au-bette in Straßburg konnte van Does-burg ein einziges Mal seine Vorstellung eines De Stijl-Gesamtkunstwerkes um-setzen. Das Café wurde nach Plänen von van Doesburg (und des Künstlerpaares Sophie Taeuber-Arp und Hans Arp) zu ei-nem Freizeitzentrum mit Tanz- und Ki-nosaal umgestaltet. Dazu wurden die Räume so miteinander verbunden, dass die Besucher frei durch das Gebäude zir-kulieren konnten. Theo van Doesburg entwickelte die Farbgestaltung der Wände, Decken und Fußböden und ent-warf die Beleuchtung, die Anordnung der Bänke, Stühle und Tische wie auch feste Einrichtungsgegenstände, Podien, Theken und Schränke.

Für dieses Projekt spielte die Farbe eine entscheidende Rolle. In den kontrastreichen Kompositionen der Wand- und Deckenbemalungen trafen sich Grundzüge des De Stijl mit van Doesburgs eigenen künstlerischen Vorstellun-gen zu einem Ensemble bewegter Formen. Für die ver-schiedenen Bauteile und Einrichtungen wurden viele mo-derne Materialien verwendet (Beton, Eisen, Glas, Alumini-um, Nickel, Hartgummi, Terrazzo, Linoleum, Email und Blattsilber), die den Räumen ein unterschiedliches Ausse-hen und haptisches Erleben gaben. Im Zweiten Weltkrieg wurde das Café zerstört, nachdem zuvor bereits umfang-reiche Änderungen vorgenom-men worden waren.

Eine der wenigen konsequent nach den Prinzipien des De Stijl realisierten Bauten ist das Haus Schröder in Utrecht von Gerrit Thomas Rietveld (1888–1964). Rietveld entwarf Möbel und In-

**Auf einen Blick** ☕

Die Architektur des De Stijl entwickelte sich aus theoreti-schen Anfängen zu einflussreichen Bau-ten des 20. Jahrhun-derts

**GERRIT RIETVELD**
**Rietveld-Schröder-Haus**
Utrecht, 1924

Im Auftrag der Innenarchitektin Truus Schröder-Schräder entwarf Rietveld sein erstes Haus, das nicht nur die einzige konsequent umgesetzte Architektur des De Stijl ist, sondern zugleich auch einer der revolutionärsten Bauten des 20. Jahrhunderts. Rietveld entwarf ein variables System aus fahrbaren und drehbaren Zwischenwänden, das auf die verschiedenen Funktionen der offenen Räume abgestimmt werden konnte. Die Binnengliederung wird durch große Farbflächen auf den Fußböden betont, die auch den abgetrennten Raumkojen ihren Platz zuweisen. Über die großen, nach außen drehbaren Fenster und die gläserne Dachluke wurde das natürliche Licht ins Haus gelassen.

neneinrichtungen, die nach konstruktivistischen Gesichtspunkten gestaltet sind, wie den berühmten Rot-Blau-Stuhl (um 1923–1924), eine Kombination von bunt lackierten Flächen, die nach dem Baukastenprinzip zusammengesteckt werden.

Das Haus Schröder (1924, Originalzustand weitgehend erhalten) wird geprägt durch die Beziehung großer Wandplatten zueinander, die dem Haus einen schwebenden Ein-

**De Stijl-Bewegung** 1917 gründeten die holländischen Maler Piet Mondrian und Theo van Doesburg in Leiden, Holland, eine neue Kunstrichtung, den Neo-Plastizismus. In der ebenfalls 1917 gegründeten Zeitschrift „De Stijl" wurden ihre Ziele in verschiedenen Manifesten und Texten vorgestellt. Mondrian wollte nicht nur die Malerei durch strenge Reduktion auf Grundfarben und Grundformen erneuern, sondern auch die gesamte Umwelt mitgestalten. Die De Stijl-Bewegung hatte großen Einfluss auf die europäische Kunst als auch auf die Architektur.

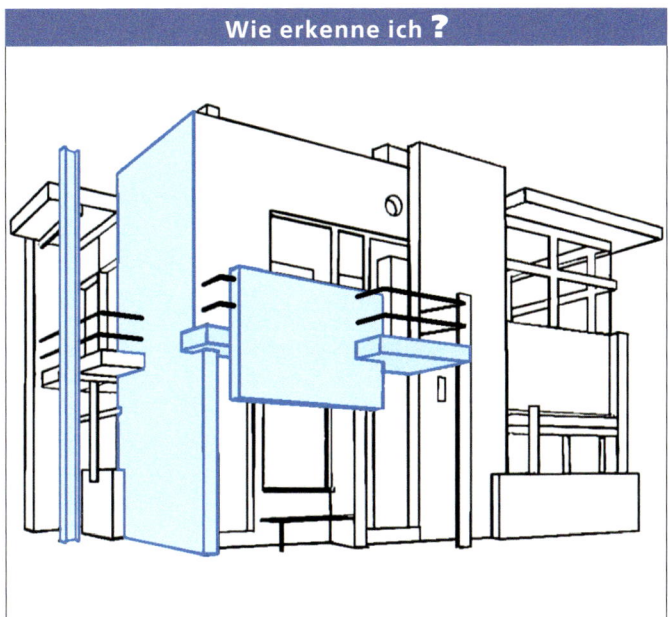

**Wie erkenne ich ?**

Das konventionell gemauerte Haus wird außen wie innen durch die Beziehung großer Wandplatten zueinander ohne Binnengliederung geprägt. Die weiß und grau gestrichenen Wände und großen Fensterflächen akzentuierte der Architekt mit Stahlstützen, Fensterrahmen und Geländern in Schwarz, Rot, Gelb und Blau, also den Farben des De Stijl. Die Wand- und Deckenplatten greifen wie schwebende Elemente in den Raum hinaus und geben dem Bau einen immateriellen, anti-konstruktiven Charakter.

druck verleihen. Ausgangspunkt ist ein Quader, dessen Flächen durch horizontal auskragende Platten und vertikale Wandscheiben, Brüstungstafeln und Stützen „zerlegt" werden. Der im De Stijl dogmatisch verfochtene rechte Winkel herrscht bis ins Detail. So lassen sich beispielsweise die nach außen drehbaren Fenster nur in einer Stellung öffnen: exakt 90 Grad zur Fassade. Die Farben des Außenanstrichs beziehen sich auf die Bilder von Mondrian: Die linearen Elemente sind rot, blau oder gelb; die flächigen weiß oder grau.

# Das Neue Bauen
## 1918–1933

Nach dem Ersten Weltkrieg entstand eine moderne Architekturbewegung, die nach Gropius als „Neues Bauen" bezeichnet wurde. In Anlehnung vor allem an die Architektur in den USA entwickelte man revolutionäre architektonische Ideale, die neben der geforderten hohen handwerklichen und ästhetischen Qualität auch den Ansprüchen des Industriezeitalters genügen sollten. Es wurden die Kriterien der Ökonomie und eine rational ausgewogene Funktionalität berücksichtigt. Neue Materialien wie Glas, Beton und Eisen wurden bevorzugt eingesetzt. Mit dem Aufkommen des Faschismus in Europa wurden diese Neuerungen der Architekturgeschichte in Deutschland jäh unterbrochen. Sie konnten sich aber in Amerika unter dem Begriff „International Style" weiterentwickeln.

- Welche Bedeutung hatte das Bauhaus für das Neue Bauen?
- Warum wurde die Weißenhofsiedlung in Stuttgart kritisiert?
- Was versteht man unter dem International Style?

Walter Gropius, Das Bauhaus, Dessau, 1925/26

## Walter Gropius und das Bauhaus

Unmittelbar nach Kriegsende wird Walter Gropius zum Leiter der Sächsischen Hochschule für Bildende Kunst und der Sächsischen Kunstgewerbeschule, der Schule van de Veldes, ernannt. Er legt beide Institute zusammen und gründet damit im Jahre 1919 das Staatliche Bauhaus Weimar. Das Bauhaus wollte aber keine reine Kunsthochschule sein, sondern strebte eine umfassende Reformierung aller Künste unter dem Primat der Architektur an: „Das Endziel aller bildnerischen Tätigkeit ist der Bau! Architekten, Maler und Bildhauer müssen die vielgliedrige Gestalt des Bauens in seiner Gesamtheit und in seinen Teilen wieder kennen und begreifen lernen, dann werden sie von selbst ihre Werke wieder mit architektonischem Geist füllen, den sie in der Salonkunst verloren haben. Bilden wir eine neue Zunft der Handwerker ohne die klassentrennende Anmaßung, die eine hochmütige Mauer zwischen Handwerkern und Künstlern errichten wollte! Wollen, erdenken, erschaffen wir gemeinsam den neuen Bau der Zukunft, der alles in einer Gestalt sein wird: Architektur und Plastik und Malerei." (Bauhaus-Manifest von 1919)

Die praktische Bautätigkeit blieb allerdings in den ersten Jahren weit hinter dieser großen Vision zurück, die von bedeutenden Künstlern der Moderne wie Johannes Itten, Paul Klee, Wassily Kandinsky, Oskar Schlemmer und Lyonel Feininger mitgetragen wurde. Unter ihrer Leitung entwickelten sich sowohl die Kunstlehre am Bauhaus als auch die damit verknüpfte Arbeit in den Werkstätten bald in Richtung einer analytisch-konstruktivistischen Kunstauffassung. Die so erarbeiteten Grundlagen von Form und Farbe, wie sie sich in den Produkten des Bauhauses bald als „Markenzeichen" offenbarten, blieben auch für die anvisierte Errichtung des

**Neues Bauen** Der Begriff stammt von dem Titel eines kurzen Aufsatzes, den Walter Gropius 1920 zur Zukunft des Holzbaus schrieb. Unter dem gleichen Titel veranstaltete er eine Ausstellung in Berlin. Dieser Begriff breitete sich dann in der Architekturbewegung der 20er und 30er Jahre aus und steht heute als Synonym für die Moderne Architektur dieser Zeit (1918–1933). Kriterien waren Ökonomie und Funktionalität sowie das Bauen mit den neuen Werkstoffen Eisen, Glas und Beton.

Haus Sommerfeld,
Eingangsseite
Berlin-Steglitz, 1920/21
Fotografie
Das Haus Sommerfeld
lehnt sich in seiner
Blockhaftigkeit und vie-
len anderen Details an
die Prairie Houses von
Frank Lloyd Wright an.
Die im Außenbau sicht-
bare expressionistische
Formensprache wurde
auch innen unter Mit-
hilfe der Werkstätten
weitergeführt.

„Großen Baus", der Schaffung einer neuen Architektursprache, nicht ganz wirkungslos. Es waren die Anfänge einer umfassenden Design-Theorie, die das Bauhaus über
seine eigentliche Wirkungsstätte hinaus weltberühmt
machen sollte.

Diese neue geometrische Formensprache wurde zum
ersten Mal im Haus Sommerfeld in einem Architekturprojekt praktisch umgesetzt. Die expressionistischen Elemente, die beim Bau dieses Sommerhauses des Berliner Industriellen Adolf Sommerfeld sowohl in der Innen- wie auch in
der Außengestaltung offenbar wurden, gingen auf die
Prairie Houses von Wright zurück, den Gropius als Architekten sehr bewunderte. Bei der Einrichtung des Hauses
konnten nahezu alle Werkstätten des Bauhauses mitwir-
ken und erfüllten auf diese Weise die von Gropius be-
schworene Arbeitsgemeinschaft aller Künste am Bau.

Gleichwohl blieb diese Rückwendung zum mittelalterlichen Zunftgedanken die Ausnahme, denn zum einen
machte die materielle Notlage weitere Bauprojekte
schwierig, zum anderen schälte sich bei Gropius immer
deutlicher die Notwendigkeit eines „Neuen Bauens" auf
der Grundlage der modernen Materialien und Produkti-

onsmethoden heraus, wie er sie ja schon vor dem Ersten Weltkrieg im Fagus-Werk zum Teil realisiert hatte.

Weitere Bauprojekte in der Weimarer Zeit blieben dem Berliner Baubüro von Gropius vorbehalten, der aber immer versuchte, einige seiner Studenten auch an Bauaufgaben heranzuführen. Im Anschluss an den Bau des Hauses Sommerfeld plante man eine Bauhaus-Siedlung, für die der Bauhaus-Student Walter Determann expressionistisch wirkende Entwürfe lieferte. Der vom Gemeinschaftsgeist getragene „Große Bau" konnte sich aber noch nicht konkret verwirklichen; er blieb in fantastischen Visionen stecken, wie sie schon Bruno Taut in seinen grandiosen Architektur-Utopien propagierte (Die Stadtkrone, Alpine Architektur, 1919; Die Auflösung der Städte, 1920).

Mit dem ersten großen Bauauftrag in Thüringen, dem Umbau des Stadttheaters in Jena (1921–1922), wollte Gropius die Bauhaus-Arbeit zum ersten Mal der Öffentlichkeit

WALTER GROPIUS
und
ADOLF MEYER
Stadttheater Jena,
Zuschauerraum mit Blick
zur Galerie
1921/22
Die umfangreichen Umbauten, die Gropius im Stadttheater von Jena vornahm, zeigen deutlich die Grundsätze des „Neuen Bauens": eine klare, funktionale Gliederung unter Einbeziehung geometrischer Grundformen. Besonders interessant ist der Zuschauerraum, der durch die gestufte Decke mit den abgehängten kubenförmigen Lampenkästen eine strenge und doch erhabene Wirkung hatte.

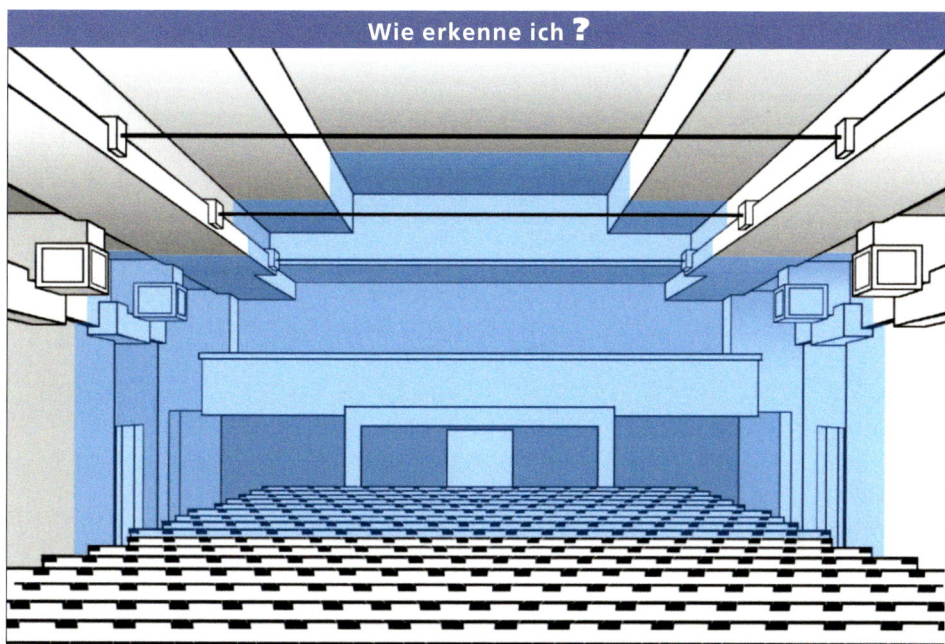

**Wie erkenne ich ?**

Der Zuschauerraum des Stadttheaters Jena weist einen zur Mitte hin gestuften Deckenraum auf. Große, kubenförmige Lampen hängen wie Plastiken an den Seiten des Raums. Überall wird die geometrische Formensprache des Neuen Bauens sichtbar. Durch die Wiederholung dieser geometrischen Elemente erhält der Innenraum eine klassizistische Note.

vorstellen. Die strenge, kubisch-ornamentale Durchgestaltung des Innen- und Außenbaus folgte den Ideen der künstlerischen Avantgarde der Zeit, vor allem dem De Stijl, der in diesen Jahren einen wichtigen Einfluss auf das Bauhaus hatte. Selbst die Ausmalung, die zunächst Oskar Schlemmer übernommen hatte, wurde später wieder abgewaschen und durch eine funktionale Bemalung im Sinne des De Stijl ersetzt.

Der De Stijl-Einfluss wird vielleicht am deutlichsten in dem Entwurf für das Bürogebäude der Chicago Tribune sichtbar, den das Büro Gropius 1922 anlässlich eines internationalen Wettbewerbs einreichte. Der Entwurf von Gropius/Meyer zeigt eine mehrfach in die Höhe abgestufte, aber ausgewogene Baugruppe. Die paarweise angeordneten, auskragenden Balkonplatten verleihen dem Bau eine an die De Stijl-Architektur erinnernde Rhythmisierung. Obwohl der Beitrag von Gropius nicht prämiert wurde, konnte er doch mit seinem Entwurf seine Vorstellungen eines „Neuen Bauens" im großen Maßstab der Hochhausplanung, die in Deutschland ab 1910 zwar andiskutiert, aber noch nicht praktisch umgesetzt worden war, aufzeigen.

Eine erste Bilanz der Bauhaus-Arbeit zog die durch äußeren Druck der rechtsgerichteten Regierung erzwungene Ausstellung von 1923. Sie war die erste in einer Kette von Veranstaltungen, durch die das Bauhaus für die Öffentlichkeit zum Symbol der Modernen Architektur wurde. Beispielhaft für die von Gropius geforderte Synthese der Künste war das Direktorenzimmer im Bauhaus Weimar, ein Gesamtkunstwerk nicht nur aus Architektur, Malerei und Skulptur, sondern auch aus Kunsthandwerk und Möbeln. Diese Elemente wurden nicht nebeneinander gezeigt, sondern in wechselseitiger Durchdringung: Möbel wurden zu Skulpturen, abstrakte Bildwerke, wie der Wandbehang, zu neuen Einrichtungsgegenständen.

Für die Internationale Architekturausstellung konnte Gropius 30 Architekten aus den USA, Frankreich, Holland, Dänemark, der Tschechoslowakei und Ungarn gewinnen, die ihre Arbeiten im ersten Obergeschoss des

BAUBÜRO GROPIUS
Modell für das Bürogebäude der Chicago Tribune
1922
Unter den 37 Entwürfen aus Deutschland (und 145 aus den USA) war der des Büros Gropius einer der modernsten und interessantesten. Hier wurden zum ersten Mal in einem Wettbewerb die Möglichkeiten der Modernen Architektur mit Hilfe der neuen Materialien und Techniken gezeigt. In einer freien rhythmischen Anordnung sind Geschossdecken als Balkone ausgelegt und Glaswände eingezogen. Das mit einer Skelettkonstruktion vorgegebene System ist allseitig offen und lässt eine freie Anordnung aller Teile zu.

**WALTER GROPIUS**
**Direktorenzimmer**
Bauhaus Weimar, 1923
Das Direktorenzimmer
von Gropius in Weimar
gehörte zu den wich-
tigsten Einrichtungen
während der großen
Bauhaus-Ausstellung
1923. Hier wurde vor-
bildhaft die Zusammen-
arbeit der Werkstätten
an einem gemeinsamen
Projekt gezeigt. Boden-
und Wandteppich
stammten aus der Webe-
rei und waren nach Ent-
würfen von Itten gefer-
tigt. Die Möbel kamen
aus der von Marcel
Breuer übernommenen
Holzwerkstatt, nach Ent-
würfen von Josef Albers.
Die Soffittenlampe war
ein Entwurf von Moholy-
Nagy, der die Metall-
werkstatt leitete. Die Ge-
samtgestaltung in ihren
geometrischen Formen
erinnert hingegen an
den De Stijl.

Kunstschulgebäudes präsentierten. Unter den deutschen
Architekten waren namhafte Vertreter des Neuen Bauens,
darunter Bruno Taut, Ludwig Mies van der Rohe und Erich
Mendelsohn. Aber auch Frank Lloyd Wright, Vorläufer und
Vorbild für die junge Generation, gehörte zu den Ausstel-
lern, wie ebenso der aufstrebende Le Corbusier. Dieser hatte die Pläne und ein Diorama zu seiner Zukunftsstadt für
drei Millionen Einwohner (später als „Ville contemporaine" bekannt) mitgebracht, außerdem die Entwürfe seiner
eigenen Bauten mit vorgefertigten Teilen. Bekannt geworden sind auch die Architekturmodelle von Mies van der Rohe, der Entwurf zu einem Glashochhaus und ein Bürohaus

in Eisenbetonbauweise. Das Bauhaus präsentierte die dem damaligen Arbeitsstand entsprechenden Entwürfe und Bauten aus dem Baubüro Gropius.

Unter den Kritiken fällt eine bemerkenswerte Einschätzung von Adolf Behne auf: Alle Architekten seien in dem Bestreben einig, alle dekorativen Elemente im Sinne der klassischen Architektur abzulehnen; zum anderen falle auf, dass „unbedingte Sachlichkeit" die Basis aller Arbeiten im Bemühen um einen neuen europäischen Stil sei. Er warnte aber auch vor der „Erstarrung" in einer „quadratisierenden Reißbrettarchitektur" und bedauerte, dass die Vertreter einer dynamischen, „organischen Architektur" wie Hugo Häring und Hans Scharoun nicht berücksichtigt worden seien. Im Zentrum dieser von Behne charakterisierten Tendenz der Architektur stehen die Arbeiten des Bauhauses. Sie reichen vom durchgestylten Versuchshaus am Horn und dem programmatischen Direktorenzimmer bis zum Serienhaus aus dem „Baukasten im Großen", einem von Gropius entwickelten Programm aus vorgefertigten, variierbaren, funktionalen und geometrischen Industrieformen.

Das Bauhaus, das zuvor vor allem durch sein künstlerisches Konzept und seine neuartige Kunstlehre von sich re-

GEORG MUCHE
Haus am Horn
Weimar, 1923
Als Musterhaus für die geplante Bauhaus-Siedlung war das Haus am Horn ein Paradebeispiel für die Zusammenarbeit aller Werkstätten an einem gemeinsamen Projekt. Im Zentrum des quadratischen Grundrisses befindet sich ein ebenfalls quadratischer Wohnraum. Die strenge äußere Geometrie wird in der Aufteilung der Räume innen durch unterschiedliche Raumgrundrisse und Volumina aufgelockert.

## Wie erkenne ich ?

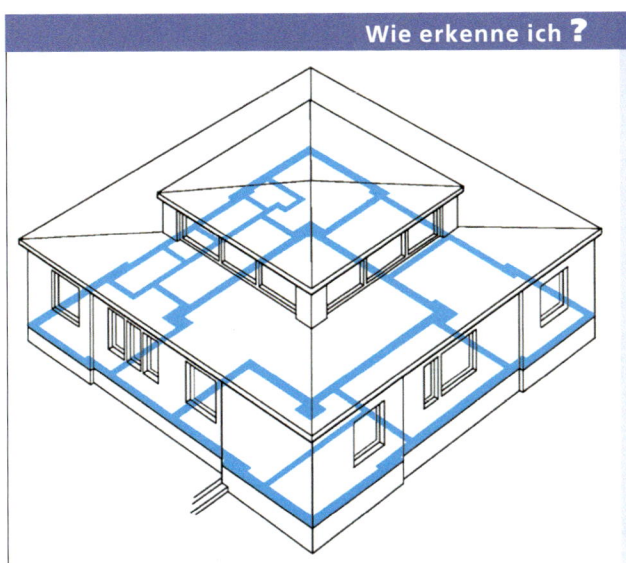

Die gesamte Raumorganisation folgte funktionalen und zweckmäßigen Überlegungen, um Wege zu verkürzen und die Kommunikation zu unterstützen. Neben der Küche liegt das Esszimmer, im Anschluss daran, in Sichtweite der Hausfrau, das Kinderzimmer, das eine direkte Verbindung zum Schlafzimmer der Dame besitzt. Vom Schlafzimmer des Herrn kann die Arbeitsnische, die einzige Sichtverbindung des Wohnzimmers zum Außenraum, erreicht werden.

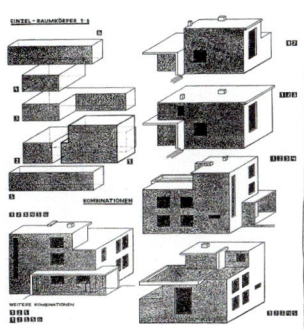

WALTER GROPIUS
„Baukasten im Großen"
Zeichnungen, 1923
Die Zeichnungen von Gropius zeigen den „Baukasten" aus geometrischen kubischen Einzelformen, die je nach Bedarf zu größeren Wohnkomplexen zusammengefügt werden können. Im Innern der Häuser konnte durch Verschieben der eingezogenen Wände ein relativ variabler Grundriss erreicht werden.

den machte, nimmt durch diese Ausstellung als eine geachtete neue Kunstinstitution an der Herausbildung der Modernen Architektur teil. Mit den Bauhaus-Bauten in Dessau und der dort entstehenden Architekturlehre wird es sich weitere Anerkennung als führendes Zentrum der Moderne in der Architektur verschaffen.

Das 1925–1926 in Dessau errichtete Bauhaus-Gebäude gehört zu den wichtigsten Bauten von Gropius und zu den Meilensteinen des Neuen Bauens in Deutschland. Der Grundriss des Gebäudes lässt sich am besten aus der Vogelschau erfassen. Drei L-förmige Trakte greifen windmühlenartig in den Raum. In der asymmetrischen Ausformung verschiedener Funktionsbereiche erinnert das Gebäude eher an eine Fabrik als an ein Hochschulinstitut. Tatsächlich war Gropius bei der Planung von seinen Erfahrungen im Industriebau (s. Fagus-Werk S. 45) ausgegangen. Das neue Bauhaus sollte kein steriles Institut sein, sondern ein lebendiges Laboratorium, in dem sich Kunst, Wissenschaft und Technik begegnen und gegenseitig befruchten können.

Das Gebäude gliedert sich in drei Teile: den Werkstatt-flügel mit der abgehängten Glasfassade, der Curtain Wall, den Berufsschultrakt und das Ateliergebäude mit den 16 Einzelbalkonen. Die Baukörper sind durch eine Brücke über eine ehemalige Straße und einen Zwischenbau, der die Mensa, die Bühne und die Aula zu einer „Festebene" zu-sammenführt, miteinander verbunden. Die Konstruktion der gesamten Anlage war ein Stahlbetonskelett mit Zie-gelausfachung, die Fenster bestanden aus schmalen Pro-fileisen mit Kristallspiegelglas. Die Außenwand drückte mit ihrem strahlend weißen Zementputz symbolisch die Hoffnung des Neuen Bauens auf Erneuerung der Architek-tur aus.

„Erschaffen wir gemeinsam den neuen Bau der Zukunft, der alles in einer Gestalt sein wird: Architektur und Plastik und Malerei, der aus Millionen von Händen der Handwer-ker einst gen Himmel steigen wird als kristallines Sinnbild eines neuen kommenden Glaubens", hatte Gropius in sei-nem Bauhaus-Manifest von 1919 mit fast religiösem Pa-thos gefordert. Die Innenausstattung des Gebäudes spie-gelte diese Einbeziehung aller künstlerischen Disziplinen

WALTER GROPIUS
Bauhaus Dessau
1925/26
Bei dem in Skelettbau-weise in Stahlbeton errich-teten Gebäude wurde die nicht mehr tragende Außenwand in einen Glas-vorhang (Curtain Wall) aufgelöst. Die Glaswände sind so um die Gebäude-ecken herumgeführt, dass diese Gebäudeseiten transparent und entmate-rialisiert erscheinen. Diese Transparenz und Reinheit wurde außen durch einen weißen Anstrich unter-stützt. Die Sockel, die Pfosten zwischen den Fenstern des Flachbaus und der südliche Vorbau des Werkstattflügels sind grau abgesetzt. Dazu he-ben sich kontrastreich die schwarz gestrichenen Fensterrahmen ab.

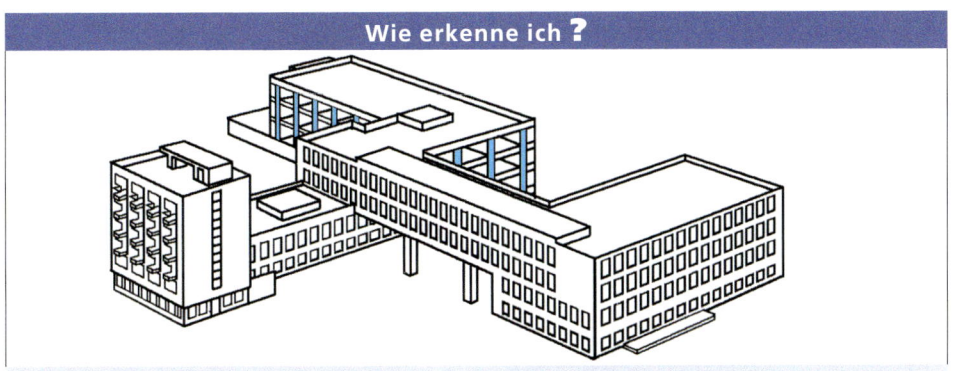

Weithin sichtbares Zeichen des Bauhauses ist die *Curtain Wall,* die gläserne Vorhangfassade am Hauptgebäude, dem Werkstatttrakt. Sie schützt die dahinter liegenden Räume und verbindet sie gleichzeitig zu einem optischen Ensemble, ohne die funktionalen Teile zu verbergen, denn die tragenden Stahlbetonteile bleiben durch das Glas hindurch sichtbar.

wider. Die Möblierung oblag der Tischlerei unter Leitung von Marcel Breuer, der die gesamte Aula mit einem neuartigen (bis heute erhaltenen) Stahlrohrgestühl ausstattete. Die Beleuchtungskörper stammten aus der Metallwerkstatt und waren Erfindungen von Laszlo Moholy-Nagy. Die farbige Gestaltung – im Sinne einer Leitplanung – übernahm die Werkstatt für Wandmalerei unter Hinnerk Scheper. Außer einigen farbigen Probeanstrichen ist dieser Plan jedoch nie umfassend verwirklicht worden. Erst jüngst nach Beendigung der Bauhaus-Sanierung (2006) wurden verschiedene farbige Anstriche im gesamten Bauhaus-Gebäude wieder hergestellt bzw. ergänzt.

Die Ausdifferenzierung der verschiedenen Nutzungsbereiche in einzelne Bauteile, die wieder in ein harmonisch ausbalanciertes Ganzes gebracht werden, und die rigorose Klarheit, mit der Gropius die Funktionen getrennt und durch Material und Konstruktion zu visualisieren suchte, machen das Bauhaus-Gebäude zu einem der bedeutendsten und folgenreichsten Bauten des 20. Jahrhunderts. In der Glaswand des Werkstattgebäudes erhebt sich noch einmal der expressionistische Erneuerungsgedanke, der

Wunsch nach kristalliner Reinheit und Transzendenz. Es zeigten sich jedoch bald Missstände: Im Sommer erwärmte sich die nach Westen orientierte Glasfront zu stark, im Winter ließen sich die Werkstätten nicht richtig heizen.

Mit dem Neubau des Bauhauses wurden auch drei Doppelhäuser für die Bauhaus-Meister und das Direktorenhaus von Gropius errichtet. Das kubisch-plastische Äußere der Meisterhäuser ist Gropius' beste Leistung im privaten Wohnungsbau. Das Zusammenspiel von weißen Mauerscheiben und Wandöffnungen, gesteigert durch dünne Stahlfensterprofile, ist ganz architektonisch aus dem „Baukasten im Großen" entwickelt, den Gropius als Mustervorlage für den funktionalen Wohnungsbau entworfen hatte.

**Stiftung Bauhaus Dessau** Nach Zweckentfremdung im Dritten Reich und Bombardierung im Zweiten Weltkrieg wurde das Bauhaus-Gebäude noch zu DDR-Zeiten 1976 restauriert. Von 1996 bis 2006 erfolgten umfangreiche Sanierungs-, Rekonstruktions- und Restaurierungsarbeiten, die das Gebäude zum Teil wieder in den Zustand von 1926, auch in der farbigen Fassung durch Hinnerk Scheper, zurückversetzten. Die Stiftung Bauhaus Dessau hat es sich zur Aufgabe gemacht, das historische Erbe des Bauhauses zu bewahren und der Öffentlichkeit zugänglich zu machen.

WALTER GROPIUS
Meisterhäuser in
Dessau
1926
Das kubisch-plastische Äußere der Meisterhäuser gehört zu den besten Leistungen von Gropius im Bereich des privaten Wohnungsbaus. Das Zusammenspiel von weißen Mauerscheiben und Wandöffnungen, betont durch dünne Stahlfensterprofile, ist ganz architektonisch aus dem Kubus herausgearbeitet. Durch die Einbeziehung des Baum- und Pflanzenbewuchses zwischen den Häusern ist der Bezug zu Wright und Le Corbusier unverkennbar. Die im Zweiten Weltkrieg stark beschädigten Häuser sind heute (außer dem Haus Gropius) innen wie außen renoviert und zeigen wieder das bunte Farbkonzept in der Ausmalung der Räume.

## Wie erkenne ich ?

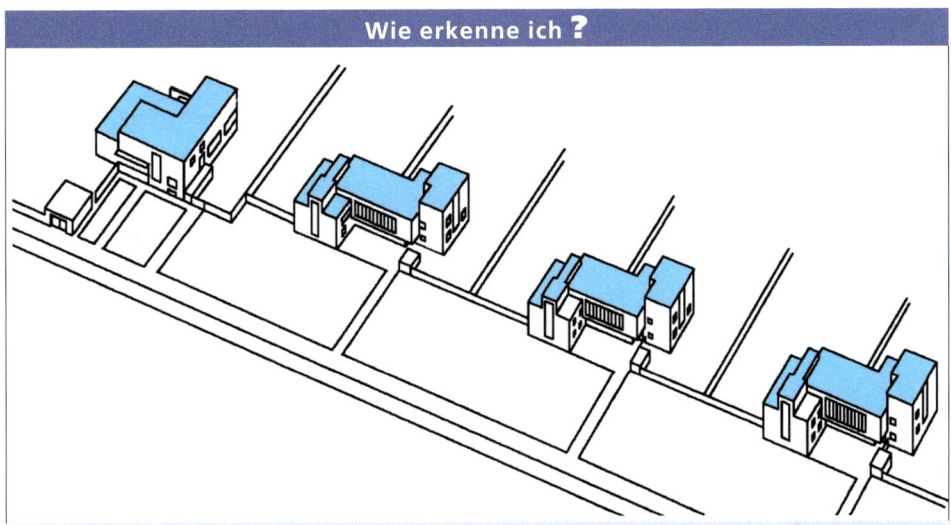

Die Gliederung der Gebäude wird durch sich überlagernde und durchdringende Bauteile bestimmt, wie dies Gropius in seinem „Baukasten" in variabler Funktion entworfen hatte. Dadurch entstanden mehrfach gestufte und gestaffelte Baukörper in einer dynamischen Balance. Die horizontale Lagerung herrscht bei den Proportionen der Häuser vor.

Die Meisterhäuser dienten aber auch als Demonstrationsobjekte eines modernen Lebens- und Wohnstils. Funktional gut durchdachte Grundrisse und großflächig eingebaute Wandschränke ermöglichten einen ökonomischen Ablauf der Lebens- und Arbeitsvorgänge im Haus. Die gesamte Ausstattung stammte aus den Bauhaus-Werkstätten, wobei an vielen kleinen Details die praktische Organisation der Lebens- und Arbeitsvorgänge im Haus gezeigt wurde, wie z. B. ein beidseitig zugänglicher Geschirrwandschrank, ein zweiteiliger durchlüfteter Wäscheschrank und ein begehbarer Kleiderschrank. Über diese neue Art des Wohnens wurde auch ein Film gedreht, wobei die Frauen der Bauhaus-Meister alle Finessen der Ausstattung vorführten.

### Auf einen Blick ☽

Das Bauhaus wurde zum Inbegriff der Moderne in Kunst und Architektur in Deutschland

## Siedlungsbau der 20er Jahre

Die größte Herausforderung für die Architektur nach dem Ersten Weltkrieg bestand in der Planung von Großsiedlungen, um der in allen europäischen Großstädten grassierenden Wohnungsnot Herr zu werden und vor allem, um der Arbeiterklasse gesunden und preiswerten Wohnraum zur Verfügung zu stellen.

Zwischen 1919 und 1933 wurden unter Leitung des Stadtarchitekten Karl Ehn (1884–1957) in Wien nicht weniger als

KARL EHN
**Karl-Marx-Hof**
Wien, 1926–1930
Neben Büros und Läden, einer Wäscherei und einer Bibliothek befanden sich in diesem riesigen Wohnkomplex insgesamt 1.383 Wohnungen. Man bezeichnete diese auch für Arbeiter erschwinglichen Wohnungen im sozialistisch regierten Wien als „Arbeiterfestungen".

J. J. P. OUD
Scheepvaartstraat
Hoek van Holland, 1924–1927
Der De Stijl-Architekt Oud entwarf die modernsten Wohnanlagen Hollands. In den zwei Doppelhäusern in dem Vorort von Hoek van Holland wird der Baukörper in eleganten Linien geschlossen gehalten. Die zwei gleichartigen Blöcke erhielten zwei Reihen von übereinander liegenden Wohnungen. Der langsame Rhythmus steigert sich erst an den abgerundeten Ecken. Die Wände sind wie bei den zeitgenössischen Bauten von Gropius und Le Corbusier mit weißem Putz verkleidet.

66.000 neue Wohnungen errichtet. Neben kleinen Häusern, die man nach englischem Vorbild in Gartenvorstädte gebaut hatte, entstand ein Großteil der Wohnungen in riesigen Blöcken. Zu den eindrucksvollsten Wohnblöcken gehören der Karl-Marx-Hof und der mit ihm verbundene Swoboda-Hof (1926–1930) von Karl Ehn, bestehend aus kilometerlangen Häuserfronten, gepflegten Grünanlagen und durchgängigen Gemeinschaftseinrichtungen. Dieses beispielhafte sozialistische Siedlungsprogramm endete mit dem Anschluss Österreichs an Nazi-Deutschland 1938.

Wichtige Anregungen für die Baupraxis der 20er Jahre gingen von den Niederlanden aus. Kommunale Wohnungsbauprogramme, für die hervorragende Architekten gewonnen werden konnten, brachten vorbildliche, von Stadt zu Stadt unterschiedliche Lösungen hervor. In der Nachfolge von Hendrik Petrus Berlage bevorzugte die Amsterdamer Schule um Michel de Klerk und Piet Kramer eine expressive, das städtische Umfeld aktiv prägende Architektur (s. Kap. 2). J. J. P. Oud, einer der Mitbegründer des De Stijl, wurde 1918 Stadtarchitekt von Rotterdam und fand mit seinen Siedlungen, wie beispielsweise den Wohnanlagen in Hoek van Holland (1924–1927) und dem Kiefhoek-Komplex in Rotterdam (1928–1930), an denen man die kostengünstigen Bauverfahren ebenso bewunderte wie die rationalen Grundrisse und die strenge, sachliche Formensprache, weit über Holland hinaus Beachtung. Rotterdam erhielt auch das erste mehrgeschossige, über Außengänge erschlossene Wohnhaus der Moderne, eine Bauform, die in den 50er und 60er Jahren in der ganzen Welt geläufig wurde.

In Deutschland führte ab 1924 eine staatliche Wohnungsbauförderung zu modernen, großstädtischen Siedlungsformen, die hauptsächlich von Genossenschaften getragen wurden. Hamburg, Frankfurt a. M. und Berlin wurden zu führenden Zentren des Großsiedlungsbaus, der zu den wesentlichen sozialpolitischen und künstlerischen Leistungen der Weimarer Republik zählt. Angeregt von dem Stadtbaurat Martin Wagner (1885–1957) beteiligten sich in Berlin die führenden Architekten jener Zeit an den Aufgaben des Siedlungsbaus, unter ihnen Bruno Taut, der 1924 beratender Architekt der Berliner Baugenossenschaft GEHAG wurde. In der „Hufeisensiedlung" Britz oder der Waldsiedlung Zehlendorf zeigt sich Tauts Fähigkeit zu prägnanter Gestaltung des öffentlichen Raums, für den er den Begriff „Außenwohnraum" prägte.

Ernst May (1886–1970) plante als Stadtbaurat für Frankfurt a. M. mehrere Großsiedlungen mit insgesamt 30.000 Sozialwohnungen. Zu den bedeutendsten Anlagen zählen die Römerstadt und die Siedlung Praunheim aus den Jahren 1927–1930. Beim Innenausbau wurde großer Wert auf die effektive Raumnutzung gelegt: Wandschränke, Regale, ausklappbare Betten gehörten ebenso zur Serienausstattung wie die berühmte Frankfurter Küche von Grete Schütte-Lihotzky (1887–2000). Dagegen legte Hans Scharoun, als er 1929 die Entwurfsleitung der Großsiedlung Siemensstadt übernahm, gesteigerten Wert auf eine expressive Fassadengestaltung und unkonventionelle Grundrisslösungen.

Walter Gropius konzentrierte sein Interesse auf die wirtschaftliche Optimierung des Wohnungsbaus und auf eine

**BRUNO TAUT**
und
**MARTIN WAGNER**
**Hufeisensiedlung**
**Britz**
Berlin, 1925–1933

Zu den berühmtesten Großsiedlungen der 20er Jahre gehört die Hufeisensiedlung von Bruno Taut. Das Zentrum der Anlage bildet eine hufeisenförmig gekrümmte Zeile um einen Teich. Im Westen schließen sich Einfamilienhäuser in Form eines Rhombus an. Die übrigen Häuser ordnen sich zu langgestreckten Zeilen. Für Taut war auch die Außenbemalung in bunten Farben Teil des Baukonzepts.

formale Standardisierung der Siedlungsarchitektur. Die Gelegenheit zur Umsetzung erhielt er durch den Auftrag der Stadt Dessau, einen großen Siedlungsbau in Dessau-Törten zu verwirklichen. Die in vier Typen entwickelten Reihenhäuser wurden unter den damals modernsten ökonomischen Gesichtspunkten entworfen und gebaut, mit dem Ziel einer Verbilligung der Baukosten und Senkung des Kaufpreises. Die rigorose Rationalisierung der Arbeitsorganisation ermöglichte im ersten Bauabschnitt die Herstellung der 60 Reihenhäuser inkl. Grundstück und Erschließung zu je 10.100 Reichsmark, was die üblichen Kosten um ca. 15 Prozent unterschritt!

Durch die neuartige Bauorganisation war es auch Arbeitern möglich, diese günstigen Häuser zu erwerben, in denen sie sich trotz des begrenzten Wohnraums wohlfühlten. Die kleinen Räume verlangten auch nach neuen Möbeln, wie sie die Bauhaus-Werkstätten in einer Musterwohnung anboten. Doch fehlte dafür offensichtlich das

Geld, oder man lehnte die spartanisch wirkenden Möbel einfach ab! 1928 errichtete Gropius in der Siedlung noch ein Konsumvereinsgebäude, das nahezu unverändert erhalten ist. Die Reihenhäuser haben dagegen durch umfangreiche Umbauten heute viel von ihrem ursprünglichen Aussehen verloren.

Im Unterschied zu den aus dem Boden gestampften Reihenhäusern der Siedlung Dessau-Törten, deren Baumängel den Ruf von Gropius in Mitleidenschaft zogen, gehört der Bau des Arbeitsamtes in Dessau zu den Pluspunkten seiner Architektenlaufbahn. Der Bau ist nicht nur ein interessantes Beispiel funktionalistischer Architektur, sondern durch seinen Grundriss und das Stahlskelett mit Ziegelmauerwerk auch optisch eine Ausnahmeerscheinung unter den Dessauer Bauhaus-Bauten.

WALTER GROPIUS UND BAUABTEILUNG DESSAU
Siedlung Dessau-Törten
1926–28
Die Straßenansicht mit den Häusern des Typus II macht das Prinzip der Siedlung deutlich. In strenger Wiederholung reiht sich ein Haus neben dem anderen. Auch die einzelnen Bauelemente, wie der angrenzende Stall, wiederholen sich in einem gleichmäßigen Rhythmus von rechteckigen, kubischen Formen nach dem Baukastenprinzip von Gropius.

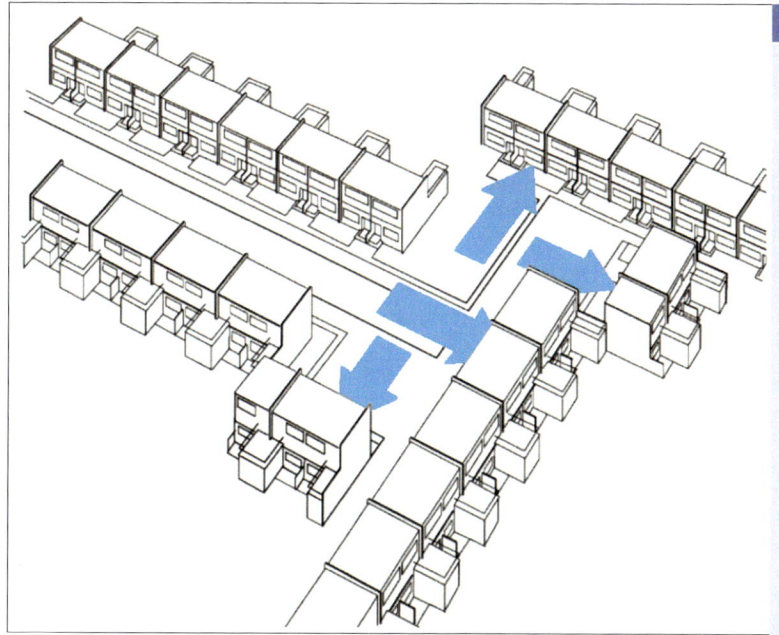

**WALTER GROPIUS**
**Arbeitsamt Dessau**
1927–1929
Ansicht von Norden

Gropius entwickelte einen halbkreisförmigen Grundriss, bei dem von sechs Eingängen aus die verschiedenen Berufsgruppen jeweils in ein Segment geführt und entlang eines betriebstechnisch genau organisierten Ablaufs kreuzungsfrei durch den Bau geführt werden konnten. Ein zweigeschossiger, für das Publikum nicht zugänglicher Verwaltungsbau ist als Abschluss an den Flachbau angefügt. Der Eisenskelettbau wurde mit gelblichen Verblendsteinen verkleidet. Die Innenausstattung erfolgte durch die Werkstätten des Bauhauses.

# Die Weißenhofsiedlung in Stuttgart

Im Jahre 1927 veranstaltete der Deutsche Werkbund seine zweite Ausstellung in Stuttgart. Mies van der Rohe, dem Vizepräsident der Vereinigung, wird es gestattet, neben den provisorischen Pavillons ein ständiges Wohnviertel auf einer Anhöhe am Stadtrand, dem Stuttgarter Killesberg, zu errichten. Die Siedlung am Weißenhof war die erste umfassende Selbstdarstellung des Neuen Bauens. Hier verwirklichten die besten Architekten Europas ihre Vorstellungen vom „neuen Wohnen", darunter Peter Behrens, Walter Gropius, Hans Poelzig, Hans Scharoun, Bruno Taut, Mies van der Rohe, J. J. P. Oud und Le Corbusier.

Im Unterschied zu den Großsiedlungen entstanden in der Weißenhofsiedlung überwiegend freistehende Einzelhäuser, an denen die teilnehmenden Architekten ihre formalen und funktionalen Vorstellungen zu Grundriss und Bauform, Rationalisierung und Typisierung darstellten. Lediglich J. J. P. Oud und Mart Stam bauten Einfamilienreihenhäuser, in denen das Thema der Kleinwohnung in einer Art stellvertretendem Ausschnitt einer Großsiedlung behandelt wurde. Das Terrassenhaus von Peter Behrens an der Nordostflanke des Geländes stellte vor allem die Nutzung der Dachfläche als Terrasse vor und gehörte damit noch zu den konservativsten Bauten der Siedlung. Mies van der Rohe propagierte mit den Grundrissvarianten seines dreigeschossigen Appartementhauses freie, flexible Lösungen, die innerhalb einer tragenden Stahlskelettkonstruktion die Anpassung des Wohnungsgrundrisses an die unterschiedlichen Bedürfnisse der Mieter ermöglichen sollten. Den exponiertesten Platz behauptete Le Corbusier im Süden des Geländes; hier errichtete er zwei durch grazile Stützen hervorgehobene, elegante Wohnhäuser.

Bereits während der Ausstellung wurde die Weißenhofsiedlung von Seiten der konservativen Architekten, die nicht eingeladen worden waren, heftig kritisiert. Man warf Mies van der Rohe „Schädigung des Landschaftsbildes von

## Weißenhofsiedlung
Stuttgart, 1927

In der Weißenhofsiedlung konnten die teilnehmenden Architekten in überschaubarem und individuellem Maßstab ihre Vorstellungen von Moderner Architektur verwirklichen. Unter der künstlerischen Leitung von Mies van der Rohe waren 16 international renommierte Architekten eingeladen worden. Sie wurden bei der Inneneinrichtung von zahlreichen Innenarchitekten unterstützt. So entstand eine groß angelegte Architekturszene auf dem Hanggelände oberhalb der Stadt Stuttgart, das in exemplarischer Weise die unterschiedlichen architektonischen Positionen der führenden Architekten präsentierte.

Stuttgart" vor und polemisierte gegen das „Konglomerat von nüchternen Würfeln", die nicht mit dem Klima und Boden verwachsen seien. Für die modernen Architekten war es hingegen ganz selbstverständlich, ihre Bauten nicht auf den Ort oder die Landschaft zu beziehen, sondern auf die international sich durchsetzende Industriegesellschaft.

Obwohl von den Nationalsozialisten in den 30er Jahren als „Schandfleck" diffamiert, blieb die Weißenhofsiedlung von allen Abrissplänen verschont. Zerstört wurden die Häuser des Mittelteils der Siedlung vor allem durch die Bomben der Alliierten und in der Nachkriegszeit durch unsachgemäße Umbauten oder Abriss. Die elf erhaltenen und mittlerweile denkmalgeschützten und restaurierten Häuser vermitteln heute dennoch eine prägnante Vorstellung vom Neuen Bauen in den 20er Jahren.

**Auf einen Blick** ☯

Die Weißenhofsiedlung zeigte wie in einem Brennglas die Moderne in der Architektur

## Mies van der Rohe und der International Style

Durch die viel diskutierte Weißenhofausstellung in Stuttgart war man auf Ludwig Mies van der Rohe (1886–1969) verstärkt aufmerksam geworden. Als Sohn eines Aachener Steinmetzen hatte Mies van der Rohe den Umgang mit Materialien und gute Handwerkskunst kennen gelernt. Bereits im Büro von Behrens, wo er als Assistent von Walter Gropius arbeitete, zeichnen sich seine Entwürfe durch große Einfachheit und schlichte Eleganz aus, wobei den neuen Materialien Glas, Beton und Eisen eine große Bedeutung zukam. Durch seinen Besuch in den Niederlanden lernte er das Werk von Hendrik Petrus Berlage kennen, was ihn in seinem neuartigen Umgang mit Material und Konstruktion noch bestärkte. Auch die Arbeiten von Wright machten auf ihn, wie vorher auf Gropius, tiefen Eindruck. Seine ersten Entwürfe verschmelzen diese Einflüsse zu einer charakteristischen Architektursprache, bei der es immer um das Verhältnis von Konstruktion und Form ging (Entwurf für ein Hochhaus in Berlin, 1921; Entwurf für ein Bürogebäude aus Stahlbeton, 1922).

Die Entwürfe für ein Landhaus aus Eisenbeton (1923) und eines aus Backstein (1923–1924) entstanden unter dem Einfluss der De Stijl-Bewegung. Die Häuser bestehen

MIES VAN DER ROHE
Deutscher Pavillon der Internationalen Ausstellung in Barcelona
1929
Das Gebäude veranschaulicht die ideale Verbindung von Architektur und Ausstattung. Da es keine besondere Funktion hatte, konnte Mies van der Rohe hier im freien Umgang mit Material und Raum seine Idee einer „edlen" Baukunst vorführen. Durch die Trennung der tragenden und raumdefinierenden Elemente erzielte er eine variable Grundrissgestaltung, ein Konzept, das er auch später anwandte, z. B. in der Neuen Nationalgalerie (1962–1967) in Berlin.

**MIES VAN DER ROHE**
**Villa für Fritz und**
**Grete Tugendhat**
Brünn, 1928–1930
Bei der Villa Tugendhat übertrug Mies van der Rohe seine Vorstellung von einem offenen, fließenden Raum auf einen Wohnbau. Wie beim Barcelona-Pavillon verwendete er eine Stahlskelettkonstruktion, die es ermöglichte, die nichttragenden Wände frei in den Raum zu stellen. Während die Straßenseite relativ unscheinbar wirkt, vermittelt die Gartenseite mit ihrer durchgehenden Glasfront den Eindruck exklusiven Wohnens. Mit seiner offenen Weite und lichten Transparenz verkörperte diese Villa die Idee des „befreiten Wohnens".

nun nicht mehr aus Kuben, sondern aus rechtwinklig aneinander stoßenden Wandscheiben, die weit in die umgebende Landschaft hinausgreifen und so im Sinne von Wright das Haus organisch mit der Umgebung verzahnen. An die Stelle der aus der Wand geschnittenen Fenster treten jetzt verglaste Wandteile. Dieses Konzept der von der Last des Tragens befreiten Wände, die als in den Raum gestellte Scheiben den offenen Raum strukturieren, übernahm Mies van der Rohe auch für den Deutschen Pavillon auf der Weltausstellung in Barcelona (1929).

Das architektonische Konzept des Barcelona-Pavillons wurde bei der Villa Tugendhat in Brünn (1928–1930) auf ein Wohnhaus übertragen. Der offene Wohnraum wurde einzig durch eine halbrunde Holzwand, die den Essplatz abschirmte, und eine freistehende Wand aus Onyx unterteilt. Nach Süden und Osten öffnete sich der Raum über weite, durchgehende Glasflächen zum Garten, während die Straßenseite zurückhaltend und verschlossen wirkte. Das Haus der Tugendhats gilt neben Le Corbusiers Villa Savoye in Poissy als Höhepunkt der Modernen Architektur. Doch konnte seine erlesene Exklusivität in Zeiten wirtschaftlicher Depression kaum als Vorbild dienen.

MIES VAN DER ROHE
**Seagram Building**
New York, 1954–1958
Wie kein anderes Gebäu-
de verkörpert das
Seagram Building den In-
begriff der Hochhausar-
chitektur des 20. Jahr-
hunderts. Bereits 1921
entwarf Mies van der
Rohe ein Glashochhaus
für den Wettbewerb am
Bahnhof Friedrichstraße
in Berlin. Allerdings war
es ihm erst nach seiner
Emigration in die USA
möglich, eine solche Ar-
chitektur auch zu reali-
sieren. Das Seagram
Building bedeutete eine
Revolution im Hochhaus-
bau. Hatten die New
Yorker Wolkenkratzer bis
dahin die typische, sich
nach oben durch Rück-
sprünge verjüngende
Form, und nahmen sie
im unteren Bereich das
gesamte Grundstück bis
zum Straßenrand ein, so
konzipierte Mies van der
Rohe eine 157 m hohe
Scheibe. Zudem setzte er
das Gebäude von der
Straße zurück und schuf
so einen Vorplatz.

Mies van der Rohe konnte seinen Ruhm in Deutschland nur kurz auskosten. Als er 1930 die Leitung des Bauhauses übernahm, warf der Nationalsozialismus bereits seine Schatten über alles Innovative und Neue in der Weimarer Republik. Nach dem Umzug des Bauhauses nach Berlin versuchte er das Institut privat weiterzuführen, wurde aber durch Repressalien derart an einem normalen Schulbetrieb gestört, dass er beschloss, das Bauhaus 1933 (im Jahr der Machtergreifung) offiziell aufzulösen. Durch seine amerikanischen Kontakte gelang ihm bald darauf ein Neustart in den USA, wo er 1938 die Leitung der Architekturab-

**MIES VAN DER ROHE
Neue Nationalgalerie**
Berlin, 1962–1967
Die Neue Nationalgalerie ist der letzte Bau von Mies van der Rohe und zugleich die Fortsetzung und endgültige Lösung des „offenen, fließenden Raums". Auf einem Stufenpodest tragen acht Stahlstützen eine mächtige, kassettierte Stahldecke. Weit nach innen gerückt umschließen filigrane Glaswände einen offenen, nicht weiter unterteilten Raum. Die eigentlichen Ausstellungsräume befinden sich jedoch im Sockelgeschoss.

teilung des Amour Institute of Technology (ab 1940 das Illinois Institute of Technology) in Chicago übernahm.

In Amerika konnte Mies van der Rohe seine Ideale einer „reinen Architektur" weiterverfolgen, zunächst in der Neugestaltung des Campus zwischen 1940 und 1958 und später in mehreren Hochhausbauten. Sein berühmtester Hochhausbau ist wohl das Seagram Building in New York (1954–1958). Die im Erdgeschoss offen liegende Stahlskelettkonstruktion wird in den Geschossen darüber von einem Glasvorhang (Curtain Wall) aus Bronze und getöntem Glas umschlossen. Das edle Metall und die strenge Form verleihen dem Gebäude eine würdevolle Erscheinung. Zu Mies van der Rohes letzten Projekten gehörte die Neue Nationalgalerie in Berlin (1962–1967), die noch einmal sein Konzept des offenen fließenden Raums verdeutlicht.

**International Style** Der Begriff „International Style" wurde in dem 1932 in den USA erschienenen Buch „The International Style, Architecture since 1922" von den Architekten Henry-Russell Hitchcock und Philip Johnson geprägt. Kennzeichen sind Rechtwinkligkeit, asymmetrische Anordnung einfacher kubischer Hauptformen ohne Ornament, weißer Verputz sowie weite, in horizontalen Bändern zusammengefasste Fensterfronten. Als Baustoffe kamen nur Eisen, Glas und Stahlbeton in Frage. Der Begriff „International Style" wird gegelegentlich synonym mit dem Begriff „Neues Bauen" verwendet, geht aber über dessen zeitlichen Rahmen hinaus, bis in die 60er Jahre des 20. Jahrhunderts hinein.

**Auf einen Blick** ☯

Mies van der Rohe zählt zu den besten Architekten des „International Style"

## Le Corbusier und die „Wohnmaschine"

Le Corbusier, der Künstlername von Charles-Édouard Jeanneret (1887–1965), gehört zu den schöpferischsten und poetischsten Architekten des 20. Jahrhunderts. „Corbu" (nach franz. corbeaux = Rabe) wurde er von seinen Freunden und Gegnern genannt, weil er diesem Vogel angeblich ähnlich sah. Aus einem kleinen Schweizer Bergdorf stammend, ging er zunächst bei seinem Vater, einem Uhrmacher, in die Lehre, entschied sich aber dann – als Autodidakt – für die Architektur. Auf seinen Reisen durch Europa und den Orient erhielt er Anregungen durch Josef Hoffmann, Tony Garnier, Auguste Perret sowie durch eine kurze Tätigkeit im Büro von Peter Behrens.

1919 gründet er mit dem Maler Amédée Ozenfant die Stilbewegung des Purismus und leitet die Zeitschrift „L'Esprit Nouveau". Die puristischen Bilder von Le Corbusier, der sich sein ganzes Leben lang auch als Maler betätigte, zeigen Stillleben in strengem Bildaufbau und zurückgenommener Farbigkeit. Diese rationale Haltung des Puris-

LE CORBUSIER
und
PIERRE JEANNERET
Außenansicht des
Pavillon de L'Esprit
Nouveau
Paris, 1925
Der „Pavillon de L'Esprit Nouveau" war als Prototyp einer „Wohnzelle" für Villenblocks (Immeubles-Villas) gedacht. Der zweigeschossige Wohnraum mit Schlafgalerie war mit den von Le Corbusier entworfenen Kastenelementen und eigenen Bildern eingerichtet. Die Ausstellungsmacher empfanden diesen Pavillon allerdings als Skandal und versteckten ihn hinter einem Bretterzaun.

mus kennzeichnet auch die erste Phase in Le Corbusiers Schaffen ab 1922. In diesem Jahr eröffnet er zusammen mit seinem Vetter Pierre Jeanneret ein Architekturbüro in Paris. Zunächst bauen sie eine Reihe von exklusiven Stadtvillen, arbeiten aber gleichzeitig auch an den Problemen des Siedlungsbaus. Sein Entwurf einer idealen Stadt für drei Millionen Einwohner ist streng symmetrisch angelegt und zeigt drei Typen von Wohnhäusern: kreuzförmige Hochhäuser im Zentrum, sechsstöckige Häuser in der Zwischenzone und die sog. „Immeuble-Villas" an der Peripherie.

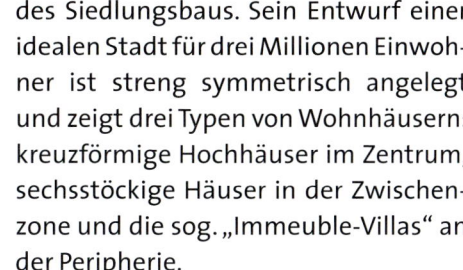

LE CORBUSIER
Immeubles-Villas, Projektskizze zu einem Villenwohnblock mit 120 Einheiten
Fondation Le Corbusier, Paris, 1922

Auf der Internationalen Kunstgewerbeausstellung 1925 in Paris benutzte Le Corbusier den „Pavillon de L'Esprit Nouveau" dazu, um ein Element der „Immeuble-Villa" zu bauen und in Plänen zu präzisieren. Auf derselben Ausstellung zeigte er eine erste konkrete Stadtplanung, den sog. „plan voisin", eine gigantomane Umwandlung des Zentrums von Paris in eine Hochhausstadt.

Für Le Corbusier war die Grundlage der Baukunst die Geometrie: Prisma, Würfel, Zylinder, Pyramide, Kugel. Häuser waren nichts anderes als „Wohnmaschinen", gleichrangig mit den modernen Automobilen und Flugzeugen, wie er in seinem Manifest „Vers une architecture" (1923) schrieb. Konzeption und Rhythmus sollten nach strengen Regeln und selbst auferlegten Maßeinheiten wie dem „Modulor" folgen.

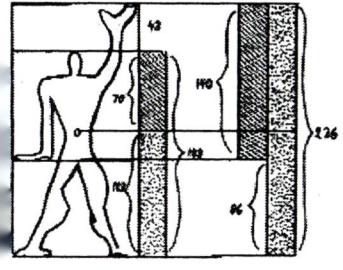

LE CORBUSIER
Der Mudulor

**Modulor** Dieses von Le Corbusier 1948 vorgestellte Maßsystem diente als Grundlage für die Serienherstellung von Bauelementen. Das neue System, eine Kombination aus Modul und „section d'or" (Goldener Schnitt), sollte das Gefühl für Intervalle schärfen. Le Corbusier geht dabei von einem in einem Doppelquadrat eingeschriebenen, 1,83 m großen Mann mit erhobenem Arm aus, dessen Gestalt dem Goldenen Schnitt entsprechend in drei variable Abschnitte geteilt wird.

Trotz dieser rationalen Strenge und kompromisslosen Geometrie wirken seine Villenhäuser alles andere als steril, sondern es sind kunstvoll durchdachte Architekturen, wie das Doppelhaus La Roche und Jeanneret-Raff in Auteuil, die Villa Stein in Garches und die Villa Savoye in Poissy eindrucksvoll belegen.

Im Zusammenhang mit der Ausstellung der Weißenhofsiedlung 1927 in Stuttgart formulierte Le Corbusier ein Fünf-Punkte-Programm einer fundamental neuen Ästhetik, die alle neuen Elemente zusammenfasste: die *pilotis* (Säulen) statt Mauern, die Dachgärten, die freie Grundrissgestaltung, das Langfenster und die freie Fassadengestaltung. Le Corbusier löste die durchgehenden Zwischendecken auf und organisierte den Grundriss um in offene, zweigeschossige Wohnhallen; die Treppen wurden durch Rampen ersetzt. Vor allem aber verlor die Außenwand dank des Stahlbetonskeletts ihre Bedeutung als statisches Element und wurde zur „Membran in beliebiger Stärke". Horizontal sich erstreckende Fensterbänder ersetzten die traditionellen französischen Hochfenster, an denen selbst Perret noch festhielt. Durch balkonartiges

LE CORBUSIER
und
PIERRE JEANNERET
Villa Savoye in Poissy
1929–1931
Die runde Form der Villa, der Wochenendsitz des Ehepaars Savoye, ergab sich durch den minimalen Wendekreis eines großen Wagens. Um das Haus herum, zwischen den Stützpfeilern hindurch, verläuft ein Fahrweg. Die Biegung umschließt den Eingang, das Vestibül, die Garage und die Aufwarteräume. Die Autos kommen an, parken oder fahren weg – alles unter dem Haus. Die Funktionalität und die Verwendung typisierter, industriell gefertigter Elemente entsprechen Le Corbusiers Vorstellung von einem Haus als „Wohnmaschine".

## Wie erkenne ich ?

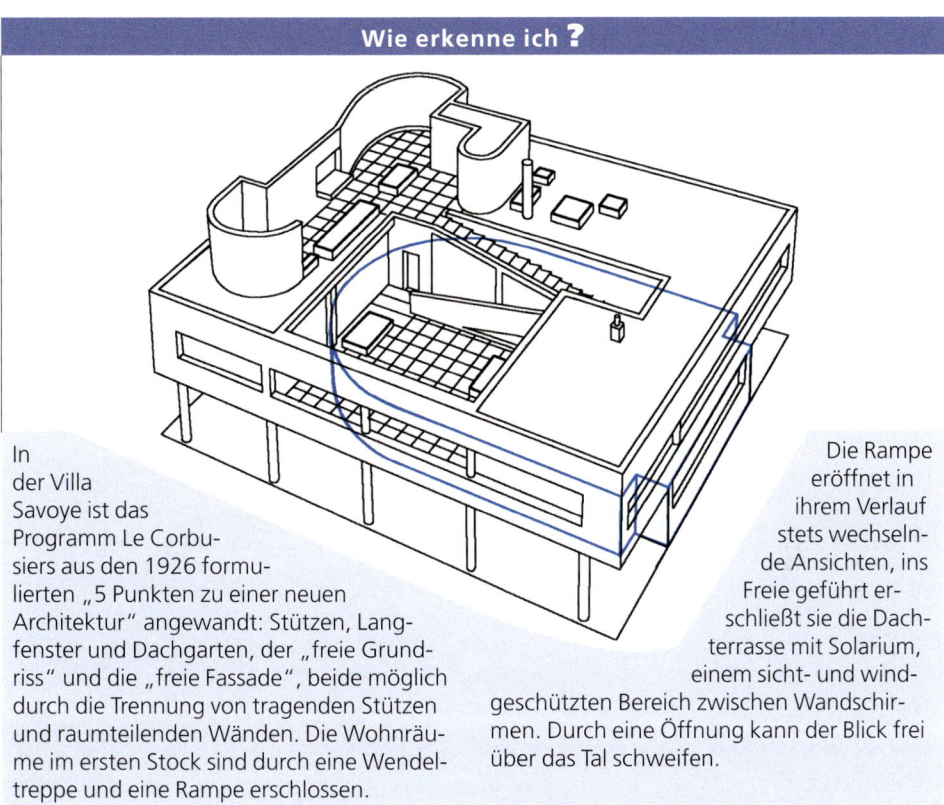

In der Villa Savoye ist das Programm Le Corbusiers aus den 1926 formulierten „5 Punkten zu einer neuen Architektur" angewandt: Stützen, Langfenster und Dachgarten, der „freie Grundriss" und die „freie Fassade", beide möglich durch die Trennung von tragenden Stützen und raumteilenden Wänden. Die Wohnräume im ersten Stock sind durch eine Wendeltreppe und eine Rampe erschlossen.

Die Rampe eröffnet in ihrem Verlauf stets wechselnde Ansichten, ins Freie geführt erschließt sie die Dachterrasse mit Solarium, einem sicht- und windgeschützten Bereich zwischen Wandschirmen. Durch eine Öffnung kann der Blick frei über das Tal schweifen.

Auskragen des Fußbodens über die Pfosten rückte Le Corbusier die Fassade über die Skelettkonstruktion hinaus und schuf somit freie Gestaltungsmöglichkeiten, denen nur das technisch Machbare Grenzen setzte.

In den 30er Jahren wendet sich Le Corbusier von diesem künstlerischen Programm jedoch ab und entwickelt städtebauliche Programme (Ville contemporaine, 1926; Ville radieuse, 1931) und großzügige Sozialbauten (Mietshaus Clarté in Genf, 1930; Cité du Refuge der Heilsarmee in Paris, 1932). In Marseille erhielt er die Gelegenheit, seine Idee einer „vertikalen Hausstadt" zu verwirklichen. Die „Unité d'Habitation" präsentiert sich als breit gelagerter Betonkomplex, einer Stellage, in die Wohnungen wie Schubladen eingezogen sind. Je zwei Reihen von Wohnungen gren-

zen an einen gemeinsamen fensterlosen Mittelflur. Gemeinschaftseinrichtungen und Läden gab es in zwei dafür reservierten Geschossen. Auf dem Terrassendach, von dem aus man noch heute eine wunderbare Sicht auf das Meer hat, waren Sportanlagen installiert, die inzwischen aber verfallen sind.

Zu den bedeutendsten Bauten des Spätwerks von Le Corbusier gehört die Kirche Notre-Dame-du-Haut in Ronchamp (1950–1955), eine ausgefallene, organisch wirkende Architektur, die dennoch dem sakralen Zweck entsprechend von schlichter, ruhiger Schönheit ist. Zum weit vorkragenden, einen Spalt von den Mauern abgehobenen Dach ließ sich Le Corbusier durch eine 1946 am Strand von Long Island aufgelesene Muschel inspirieren.

Kritiker sahen in diesem Bau den endgültigen Bruch mit Le Corbusiers Prinzipien. Er stellt aber in Wirklichkeit die logische Fortsetzung und Synthese seines Werkes dar. Die Kirche wurde trotz ihres singulären Charakters anregend für den Kirchenbau der 50er und 60er Jahre, wie auch für die spätere Postmoderne in der Architektur.

LE CORBUSIER
Unité d'Habitation
Marseille, 1947–1952
Le Corbusier erhielt in Marseille die Gelegenheit, seine Idee einer „vertikalen Hausstadt" zu verwirklichen. Die „Unité d'Habitation" ist ein breit gelagerter Betonkomplex, der Platz für 337 Wohnungen bietet. Jede Wohnung ist zweigeschossig mit Galerie und besitzt eine Loggia. Die Raumhöhen betragen nach dem Modulor-System 2,26 bis 4,8 m. In der Mitte bleibt Raum für den Erschließungsgang. Das Einkaufs- und Kommunikationszentrum im siebten und achten Stock ist durch die wechselnde Fassadenstruktur erkennbar.

**LE CORBUSIER
Kapelle Notre-Dame-du-Haut**
Ronchamp, 1950–1955
Die am häufigsten fotografierte, expressionistische Ansicht der Kirche zeigt die sich aus der Schräglage gegen Osten langsam aufrichtende Südwand mit Hauptturm und Eingangsportal sowie die konkave Ostwand, die an schönen Tagen als Chor der Außenkirche genutzt werden kann. Die Nordfassade wird durch die Zwillingstürme dominiert, zwischen denen sich der Werktagseingang befindet. Sie wird belebt durch das Spiel verschiedener Fensterformen sowie durch die steile, zur Sakristei führende Freitreppe. Die Westfassade ist fensterlos, die hängende Dachkante mündet in den Wasserspeier.

**Wie erkenne ich ?**

Die schrägen, geschwungenen Wände, der zum Chor hin abfallende Fußboden und das hängende Dach bilden eine „organische" Raumhülle mit starken plastischen Werten. Die wie Schießscharten wirkenden Fenster sind teils mit farbigem, teils mit weißem Glas versehen. Das einfallende Licht wird durch die weiß gekalkten Wände verstärkt.

Im letzten Entwurf von Le Corbusier, dem Ausstellungs-Pavillon in Zürich (1965–1967), ist heute ein Museum untergebracht, das neben einer Bibliothek mit allen wichtigen Werken von und über Le Corbusier, Gemälde und Grafiken des Maler-Architekten aufbewahrt und zum Teil der Öffentlichkeit zugänglich macht. Die engagierte Betreiberin Heidi Weber hat Le Corbusier damals auch die Erlaubnis abgetrotzt, einige seiner Möbelstücke in kleiner Auflage nachzubauen. Der Erfolg gab ihr Recht, und sie erhielt eine Exklusivlizenz über 15 Jahre. Die Stücke befinden sich heute in der Design-Sammlung des New Yorker Museum of Modern Art (MoMA).

**Auf einen Blick ☻**

Mit strengen Prinzipien von Raster und Modul stieg Le Corbusier zu den kühnsten Architekten des 20. Jahrhunderts auf

## Architektur in der Diktatur

Nach der russischen Revolution von 1917 war das Land in ständige Unruhen und Kämpfe verwickelt. Erst ab 1922 konnte sich das neue kommunistische Russland so weit stabilisieren, dass auch die Bautätigkeit wieder aufgenommen werden konnte. Der vorherrschende Stil hieß zu dieser Zeit „Konstruktivismus" und wurde von einer Reihe avantgardistischer Künstler angeführt, zu denen auch der Maler und Bühnenbildner Wladimir Tatlin (1885–1953) gehörte.

Sein „Denkmal der Dritten Internationalen" von 1920 suchte die neue Dynamik der russischen Gesellschaft in ein konstruktivistisches Denkmal umzusetzen. Das Bauwerk sollte 400 m in den Himmel ragen, blieb aber nur als Modell aus Holz, Karton und Draht auf einem Foto erhalten.

Ähnlich utopisch blieben auch die Entwürfe von El Lissitzky (1890–1941), der seine Kontakte zur europäischen Avantgarde der Architektur nutzte, um spektakuläre Bauten zu planen, wie z. B. den „Wolkenbügel", ein auf hohen Pfeilern ruhendes, alles weit überragendes Bürogebäude. An erster Stelle standen aber die ganz praktischen Aufgaben, die Schaffung von Wohnraum und Fabriken. Vorbild waren das Bauhaus, De Stijl und der russische Konstruktivismus, den die Künstler in Form von Agitationskunst auch auf die Straße trugen. Mobile Architektur wie Kioske, Tribünen und Vitrinen schufen temporäre Zeichen der

WLADIMIR J. TATLIN
**Denkmal der Dritten Internationalen**
1920 (Modell, zeitgen. Foto)
Tatlins wichtigstes Werk war der Entwurf des „Denkmals der Dritten Internationalen" zu Ehren der russischen Oktoberrevolution. Er entwarf ein grandioses, 400 m hohes architektonisches Denkmal, in dem die wichtigsten russischen Institutionen Platz gefunden hätten: Der untere Zylinder war für Kongresse vorgesehen und sollte jährlich eine Umdrehung machen. Die Pyramide darüber war der „Komintern" (Kommunistische Internationale = Kollektiv der kommunistischen Parteien) vorbehalten und sollte sich einmal im Monat drehen. Der gläserne Zylinder und die Halbkugel an der Spitze mit Presse- und Propagandabüros sollte sich täglich einmal drehen.

KONSTANTIN S. MELNIKOW
**Melnikow-Haus**
Moskau, 1927–1929
Das von Melnikow als privates Wohnhaus und Atelier errichtete Gebäude besteht aus zwei ineinander geschobenen zylindrischen Formen. Oben befindet sich das ehemalige Atelier des Architekten, unten die offenen Schlafzimmer für Eltern und Kinder. Die Zylinder sind aus 200 sechseckigen Modulen zusammengesetzt. 60 davon bilden die wabenartigen Fenster, die das Innere der Türme erhellen.

**Konstruktivismus** Diese Kunstbewegung entwickelte sich ausgehend vom Kubismus und Futurismus zunächst in Russland und ging später in eine internationale Formensprache über. Unter konstruktivistischer Kunst versteht man eine Formgebung, die mit formal und rational kontrollierbaren Elementen harmonische Strukturen aufzubauen sucht. Zu den wichtigsten Künstlern des russischen Konstruktivismus gehören Kasimir Malewitsch, Vladimir Tatlin, Naum Gabo, Antoine Pevsner, Alexander Rodtschenko und El Lissitzky. Am Bauhaus wurden ab 1923 konstruktivistische Kunstmittel bevorzugt, hier war der ungarische Künstler Laszlo Moholy-Nagy der wichtigste Vertreter. In der russischen Architektur der Revolutionszeit verstand man unter Konstruktivismus die Sichtbarmachung des konstruktiven Bauskeletts.

neuen Zeit, bis größere Bauten in Moskau auftauchten.

Da Wohnraum knapp war und man individualistische Wohnungen oder gar Eigenheime als „kapitalistisch" ablehnte, entstanden riesige Wohnblöcke, in deren „Wohnboxen" gerade einmal Platz zum Schlafen war. Eine Ausnahme bildete in dieser Zeit das Haus des Architekten und Künstlers Konstantin Melnikow (1890–1974) mit seinen wabenartigen Fenstern in dem hohen Rundturm, das alle Wirren der Zeiten überstanden hat und heute von dem Sohn des Architekten bewohnt wird.

Von größerer Bedeutung sind die zahlreichen Arbeiterklubs, die Melnikow errichten ließ und die der politischen Erziehung und Ausbildung dienten. So entwarf er u. a. den Rusakow-Arbeiterklub (1927–1929), durch die drei mächtigen auskragenden Balkone ein auch heute noch Aufsehen erregender Bau.

Zu den modernsten und fortschrittlichsten Bauten gehört zweifellos das Narkomfin-Gebäude in Moskau (1928–1930) von Moisei Ginzburg (1892–1946), ein Wohnbau für Angestellte des Finanzkommissariats, das heute leider dem Verfall preisgegeben ist. Der gewaltige, (ehe-

MOISEI GINZBURG
Narkomfin-Gebäude
(unten)
Moskau, 1928–1930
Auf zwei Geschossen des Narkomfin-Blocks befanden sich traditionelle Wohnungen von bis zu 100 m² für die wohlhabenden Beamten, auf drei weiteren wurden 37 m² große Kleineinheiten über zwei Korridore erschlossen. Jeweils zwei Eingangstüren befanden sich nebeneinander. Von einer führte eine Treppe nach unten, von der anderen eine nach oben. Zum Kochen standen Etagenküchen und eine Kantine zur Verfügung. Bäder und Toiletten waren für die Kleinstwohnungen nicht vorgesehen, wurden aber später hinzugefügt.

**KONSTANTIN S. MELNIKOW Rusakow-Arbeiterklub**
(links)
Moskau, 1927–1929
Wie Zacken eines riesigen Zahnrades greifen die drei Auditorien des Rusakow-Klubs in den Himmel Moskaus. Der 1927–1929 errichtete Arbeiterklub von Konstantin Melnikow ist wohl sein markantestes Gebäude. Als Instrument der Kulturrevolution sollte der Klub sowohl der politischen als auch der ästhetischen Erziehung dienen, darüber hinaus der körperlichen Ertüchtigung.

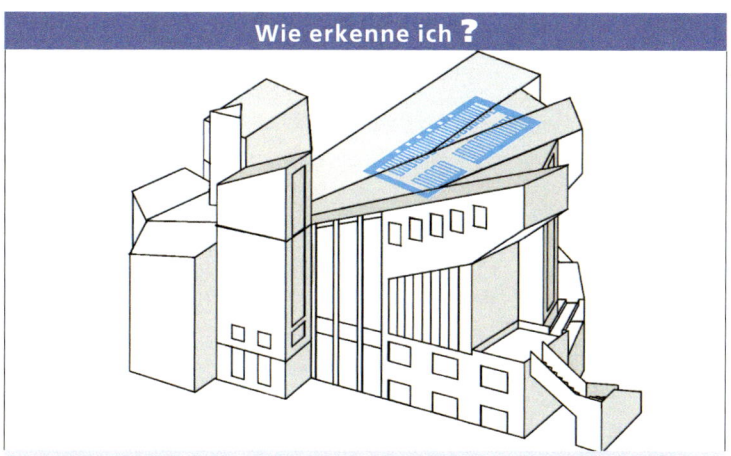

**Wie erkenne ich ?**

Das Gebäude fällt schon von Weitem durch seine spannungsreiche Gestalt auf. Drei mächtige Balkone schieben sich wie Keile in den symmetrischen Baukörper, dessen Hauptfassade in Beton und Glas ausgeführt wurde, die Hofseite dagegen in Ziegelstein. Die Balkone enthalten drei kleine Auditorien für je 200 Personen. Diese können einzeln genutzt werden oder auch zusammen mit den unteren Auditorien und dem Parterre einen Großraum für 1.200 Personen bilden.

mals) weiß verputzte Bau gruppierte sich um Gemeinschaftseinrichtungen zum Kochen, Essen und Waschen. Zur damaligen Zeit besuchte auch Le Corbusier Moskau, um an einem Wettbewerb zum neuen sowjetischen Parlamentsgebäude (Sowjetpalast) teilzunehmen. Er errichtete dort das Zentrosojus-Bürogebäude (1928–1936), ließ sich aber auch von dem Ginzburg-Komplex für seine spätere „Unité d'Habitation" in Marseille inspirieren.

Der Aufbruch in eine neue Architektur (und Kunst) wurde jedoch Anfang der 30er Jahre durch Stalins Programm des Sozialistischen Realismus jäh gestoppt. Bereits 1922 gelangten die Faschisten unter Führung von Benito Mussolini in Italien an die Macht. Die darauf folgenden 20 Jahre faschistischer Kontrolle waren zwar wirtschaftlich nicht sehr erfolgreich, doch führten sie Italien nach jahrzehntelanger Stagnation in eine Phase rascher Industrialisierung und Modernisierung auf allen Gebieten. Eines der augenfälligsten Ergebnisse stellen die damals umgestalteten

Bahnhöfe Italiens dar, deren einfache, funktionale Struktur deutlich von der europäischen Moderne beeinflusst ist (z. B. Bahnhof S. Maria Novella in Florenz, 1932–1933).

Der bedeutendste Architekt dieser Zeit war Giuseppe Terragni (1904–1943), der eine rationale und funktionale Architektur vertrat, in der sich sowohl Elemente des Neuen Bauens, des Futurismus als auch des Klassizismus verbanden. Die Casa del Facio, die faschistische Parteizentrale in Como, ist sein unter Architekten unumstrittenes Meisterwerk. Der Bau war ursprünglich als traditioneller lombardischer Palazzo mit offenem zentralen Hof und ziegelgedecktem Dach geplant. Doch im Zuge der Planung verwandelte sich der Verwaltungsbau in einen präzisen abstrakten Quader um einen allseits geschlossenen, mit einem Glasdach überdeckten Innenhof. Alle vier Fassaden des Baukörpers sind unterschiedlich, jedoch nach einem strengen Raster ohne jegliches Ornament gestaltet. Dieses Raster sollte sich nach Terragnis Angaben auf den römischen Stadtgrundriss von Como beziehen. Der Kontrast von planen Wandflächen und Hohlräumen, hinter denen

GIUSEPPE TERRAGNI
Casa del Fascio
Como, 1932–1936
Der Bau wurde von den italienischen Faschisten als Parteizentrale in Auftrag gegeben. Das Parteihaus steht in unmittelbarer räumlicher Beziehung zum spätmittelalterlichen Dom von Como. Zusammen mit anderen geplanten, aber nie ausgeführten Bauten sollte die Casa del Fascio einen weitläufigen Platz säumen, dessen Mittelachse jene der historischen Basilika fortgeführt hätte.

## Wie erkenne ich ?

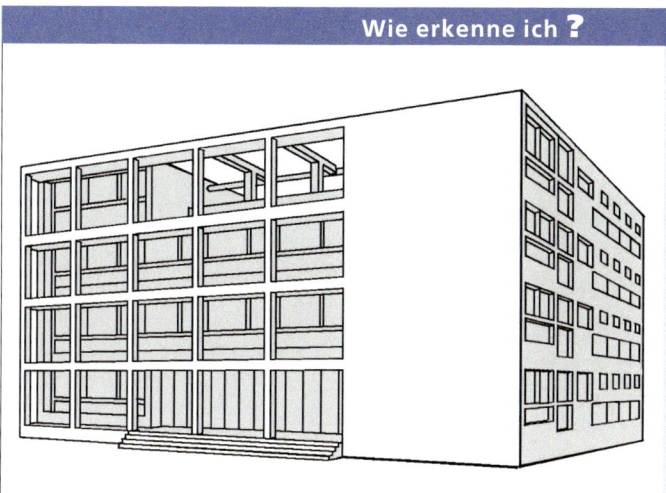

Die Grundform ist ein halber Würfel mit 33 m Kantenlänge und 16,5 m Höhe. Die weißen, marmorverkleideten Außenflächen der Betonskelettkonstruktion erhalten durch den Wechsel von offenen und geschlossenen Flächen eine plastische Lebendigkeit. Den Innenhof erreichte man durch eine 19-flügelige Glastür, die bei offiziellen Anlässen gleichzeitig geöffnet werden konnte.

die Fenster liegen, bewirkt ein dramatisches Licht- und Schattenspiel auf den Fassaden.

Von Adalberto Libera (1903–1963), einem der führenden rationalistischen Architekten Italiens, stammt einer der spektakulärsten Bauten dieser Zeit, die Villa (Casa) Malaparte auf Capri (1938–1943). Auf einem zerklüfteten Felsvorsprung gelegen, scheint der aufs Meer ausgerichtete rote Quader mit der offenen Dachterrasse und der weißen Sonnenwand mit der Natur verwachsen zu sein. Eine in die Breite wachsende Freitreppe, die in die Dachterrasse übergeht, führt auf die Bühnenplattform, die auf allen Seiten von einer grandiosen Naturkulisse umgeben ist. Der Dichter und Schriftsteller Curzio Malaparte (1898–1957) entdeckte diesen außergewöhnlichen Bauplatz und ließ sich hier einen der eigenwilligsten Bauten der Architekturgeschichte errichten, gleichermaßen ein Kultur- wie ein Naturdenkmal.

Der Zweite Weltkrieg und der Tod Terragnis 1943 beendeten die Bewegung des italienischen Rationalismus. Terragnis architektonisches Konzept fand erst in den 60er Jahren wieder eine Fortsetzung in der New Yorker Architekturszene.

ADALBERTO LIBERA
**Casa Malaparte**
Capri, 1938–1943
Das Gebäude wurde
von dem Schriftsteller
Curzio Malaparte
(1898–1957) in Auftrag
gegeben. Die Bauge-
nehmigung in dieser
einzigartigen Land-
schaft, in der Häuser-
bauen eigentlich unter-
sagt war, umging er, in-
dem er eine Zisterne mit
dieser nicht gerade be-
scheidenen Villa über-
bauen ließ. Adalberto
Libera fertigte einen
Entwurf an, der einen
aufs Meer ausgerichte-
ten Quader mit offener
Dachterrasse vorsah.
Malaparte fügte noch
die grandiose Freitreppe
hinzu, die auf die Dach-
terrasse führt. Die dyna-
mische aus Beton ge-
gossene Sonnenwand
macht aus dem Flach-
dach eine Bühne für ze-
remonielle Auftritte.

    Anders als im faschistischen Italien, wo die Moderne Teil
des Staatsprogramms wurde, beendete die nationalsozia-
listische Machtergreifung in Deutschland 1933 alle Bestrebungen der Modernen Architektur und Kunst. Das Neue
Bauen wurde als „jüdisch-bolschewistisch" diffamiert, gefordert wurde dagegen die Rückwendung zu den konservativen Strömungen der Architektur vor 1900. Oberste
Bauaufgabe waren die monumentalen Staatsbauten, die

ALBERT SPEER
Modell für die Neuge-
staltung Berlins
1938/39
Ab 1937 rückte in Nazi-
Deutschland die Umge-
staltung der „Gauhaupt-
städte" in den Vorder-
grund, allen voran die
gigantomane Umwand-
lung von Berlin in eine
künftige Reichshaupt-
stadt „Germania". Speer
wurde Leiter der „Gene-
ralbauinspektion", die
Hitler direkt unterstand.
Als „Großbaumeister"
mischte sich dieser immer
wieder in die Planungen
ein. Das Modell zeigt im
Mittelpunkt der Anlage
die Kuppelhalle, in der
Platz für 150.000 Men-
schen sein sollte.

Paul Troost am Münchener Königsplatz und im Haus der Kunst gestaltete, oder ab 1934 Albert Speer (1905–1981) beim Zeppelinfeld in Nürnberg – als Aufmarschplatz für die Massenveranstaltungen der Parteitage geplant. Die massiven Bauten besitzen nur wenig Gliederungselemen-te, die sich an einen monumental vergrößerten, dabei aber plump wirkenden Klassizismus orientieren.

Höhepunkt dieser machtbesessenen Gigantomanie sollte die Umgestaltung Berlins zu einer neuen Haupt-stadt „Germania" werden, die ebenfalls Speer inszenieren sollte. Die flächendeckende Bombardierung Berlins durch die alliierten Bomberflotten nahm Speer die Arbeit des Ab-risses weiter Teile der Hauptstadt ab und beendete alle architekto-nischen Neugestaltungspläne im Feuersturm, denen fast alle deut-schen Städte in ihrer alten, seit Jahrhunderten gewachsenen Struktur zum Opfer fielen.

**Auf einen Blick** 👁

Die Architektur in to-talitären Regimen ist häufig von monu-mentaler, menschli-che Proportionen ne-gierender Maßlosig-keit gekennzeichnet

# Halbzeit der Moderne

Die furchtbaren Zerstörungen des Zweiten Weltkrieges verlangten nach rascher Instandsetzung der Infrastruktur der Städte sowie zügiger Neubebauung, um den Millionen Flüchtlingen und Ausgebombten Wohnraum zu verschaffen. Die Moderne Architektur sah sich vor gewaltige Probleme gestellt und verfiel nicht selten in einen monotonen Formalismus, der das Bild der europäischen Städte bis heute prägt. In Amerika dagegen suchte die Moderne neue Wege und ließ sich von den emigrierten Bauhaus-Meistern zu Höchstleistungen auf dem Gebiet des Hochhausbaus und auch des Einzelwohnhauses inspirieren. Kunst, Architektur und Technik verschmolzen zeitweise wirklich zu einer neuen Einheit, wie es Gropius bereits in den 20er Jahren für das Bauhaus gefordert hatte. Doch Ende der 60er Jahre war diese moderne Bewegung schon wieder nahezu ausgereizt.

- Welche Impulse für das Bauen gingen von Amerika aus?
- Welche Aufgaben stellten sich der Stadt- und Siedlungsplanung?
- Was kritisierten die Architekten der Postmoderne an ihren Vorgängern?

James Stirling, Neue Staatsgalerie Stuttgart, 1977–1984

## Modernismus und Freiheit – Siedlungspolitik nach 1945

Der Zweite Weltkrieg hinterlässt in ganz Europa ein Bild der Zerstörung. Mehr als 1.000 Städte und etwa 24 Millionen Wohnhäuser sind weitgehend unbewohnbar. Die geschätzten 150 Millionen Obdachlosen benötigen dringend eine Unterkunft, und zwar nicht in provisorischen Baracken, sondern in vernünftig geschnittenem, bezahlbarem, den Minimalbedarf deckendem Wohnraum. Noch nie standen Architekten und Stadtplaner in Europa vor einer ähnlich komplexen Aufgabe. Die beondere Schwierigkeit bestand darin, dass es an allem fehlte: an Material, an Konzepten und vor allem an einem Baustil. Während konservative Kreise den Wiederaufbau nach historischem Vorbild propagierten, was in einigen Städten wie Köln, Lübeck, Münster, Frankfurt a. M. oder München auch mit einigem Erfolg gelang, forderten andere den totalen Abriss der alten, in Trümmer liegenden Bausubstanz, um alles „schöner als vorher" aufzubauen, nach Möglichkeit sogar gemäß der Richtlinien der „Charta von Athen".

**Charta von Athen**  Auf dem vierten Treffen des CIAM (Congrès International d'Architecture Moderne) beschäftigten sich die Teilnehmer unter Leitung von Le Corbusier mit städtebaulichen Fragen. 1943 wurden die Ergebnisse unter dem Titel „Charta von Athen" veröffentlicht. Die Hauptthese galt der Entflechtung und Neuordnung der vier wichtigsten Funktionen der Stadt: Wohnen, Arbeiten, Freizeit und Verkehr. Diese Vorstellungen einer neu gegliederten Stadt bestimmten maßgeblich den Städtebau der Nachkriegszeit.

Dabei war das keine Frage der Technik – eher schon des Geldes, das aber der Marshall-Plan in unerwartet groß zügiger Weise bald bereitstellen sollte – als vielmehr eine Frage nach dem Baustil. Politisch unbelastet war nur der Internationale Stil („International Style"), der mittlerweile in Amerika Furore gemacht hatte. In Europa, vor allem im zu 75 Prozent zerstörten Deutschland, konnte man aber nicht einfach auf die Stilformen des Neuen Bauens zurückgreifen. Die dahinter steckenden  Sozialutopien und der ungebrochene, avantgardistisch ausgerichtete Reformeifer der 20er und 30er Jahre waren restlos verbraucht. So blieb der Wiederaufbau während der Zeit des „Wirt-

schaftswunders" – in Deutschland etwa ab der Währungs-
reform von 1948 – oft in jenen austauschbaren, kastenför-
migen Wohnblocks stecken, deren hohle Fassaden die innere Leere kaum verbergen konnten.

1949 wurde die Bundesrepublik Deutschland auf dem
Gebiet der drei Westzonen gegründet. Sie sollte nach dem
Willen der USA kein Agrarland werden, sondern ein florie-
render Industriestaat nach dem Vorbild Amerikas, als Ver-
bündeter im Kampf gegen den scheinbar bedrohlich auf-
kommenden Kommunismus, dem sich der andere deutsche Staat, die DDR, zu unterwerfen hatte.

Der wichtigste Wohnungsbauwettbewerb Anfang der
50er Jahre war das ECA-Projekt (ECA = economic cooperati-
on administration, Organisation zur Durchführung des
Marshall-Plans). Die bei der Planung und Durchführung
gewonnenen Erkenntnisse sollten zusammen mit den
anschließenden wissenschaftlichen Untersuchungen dazu beitragen, den Wohnungsbau in der Bundesrepublik bil-
liger und schneller voranzutreiben. Ziel war es, Facharbei-
ter in der Nähe der Industrie, des Bergbaus und der Häfen
auf Dauer anzusiedeln. Unter dem Ge-
sichtspunkt der Stadtplanung ist es be-
merkenswert, dass die ausgewählten 15
Städte ihre innerstädtischen Trümmer-
flächen für das Bauprogramm nicht zur
Verfügung stellten, sondern meist (mit
Ausnahme von Bremen) kaum erschlossene Randgebiete. Während am Stadtrand die ersten Wohnungen bezogen
wurden, lag noch bis in die späten 50er
Jahre im Stadtzentrum das teuerste
Brachland der Nachkriegszeit.

**Marshall-Plan** Der Marshall-Plan war das amerikanische Hilfsprogramm für die westeuropäi-
schen Staaten. Nachdem bis 1947 durch eigene
europäische Anstrengungen und amerikanische
Unterstützung (11,4 Milliarden Dollar) zwar die
Vorkriegserzeugung wieder erreicht wurde, das
Außenhandelsdefizit jedoch geblieben war, wurde die Hilfe im Marshall-Plan auf 17 bis 20 Milliarden Dollar, verteilt auf fünf Jahre, veranschlagt.
Für den wirtschaftlichen Aufschwung genügten
dann 13 Milliarden Dollar und dreieinviertel Jahre
(3.4.1948 bis 30.6.1951).

Im Lageplan sind diese Siedlungen kaum voneinander
zu unterscheiden, und auch im Detail weisen sie erstaunli-
che Ähnlichkeiten auf. Für fünf Personen sind ca. 50 m² vorgesehen, auf einer Grundfläche des Hauses von weniger
als 30 m². Die Wohnungen haben winzige Einbauküchen

(eher Kochnischen), die Arbeits- und Wohnräume sind streng voneinander getrennt und durchfunktionalisiert. Das einzig Individualistisch-Moderne an diesen sozialen Großsiedlungen sind die farbigen Anstriche: „Kräftiges Ochsenblut" wechselt mit „lichtem Ocker" der Wände und weißen Holzteilen der Fenster und Türen (z. B. in Hannover). Kritiker sprachen von einer „Renaissance der Farbe im Stadtbild", die Bewohner eher spöttisch von der „Papageiensiedlung in Dr.-Oetker-Farben". Die Wohnungen dieser Siedlungen sind heute zwar modernisiert (sofern sie noch vorhanden sind), haben sich aber in ihrer Wohnqualität dennoch kaum verbessert.

**Auf einen Blick** 👁

Die Wohnungsnot im Nachkriegsdeutschland konnte nur unvollkommen durch Großsiedlungen behoben werden

Luftbild der Wohnhäuser am Grindelberg
Hamburg, 1951
Diese Siedlung ist nur ein Beispiel für die vielen, in wenigen Jahren hochgezogenen Wohnkomplexe, die das gesamte Nachkriegsdeutschland in eine Betonwüste verwandelten. Der billige Wohnraum wurde mit einer austauschbaren, monotonen Physiognomie erkauft, hinter der sich die sozialen Probleme zunehmend aufstauten.

# Siegeszug der Moderne in Amerika

Durch den beispiellosen Exodus der deutschen und europäischen Intelligenz während der nationalsozialistischen Herrschaft in Deutschland gelangte auch das Wissen um die neue Technologie des Bauens nach Amerika. Herausragende Architekten des Neuen Bauens wie Walter Gropius, Mies van der Rohe und Marcel Breuer erhielten in den USA die Gelegenheit, nicht nur lehrend auf eine neue Generation von amerikanischen Architekten einzuwirken, sondern auch ihre Ideen in Bauten praktisch umzusetzen. Während sich Gropius immer weniger als ausübender Architekt betätigte, startete Mies van der Rohe eine glänzende neue Architekten-Karriere.

Kennzeichnend für das amerikanische Werk von Mies van der Rohe ist die vertiefte Auseinandersetzung mit der Tradition der Chicago School. Auf der Grundlage der Stahlskelettbauweise entwickelte er einen sachlichen, geometrischen Baustil, der in Amerika als auch in Europa viele Bewunderer und Nachfolger fand. Seine Hochhausgebäude (s. Seagram Building, S. 86) erhalten ihre spezifische Würde und Eleganz durch klare Proportionen und eine unverhüllte, materialbewusste Darstellung der Konstruktion am Außenbau.

In der Formel „Less is more" („Weniger ist mehr") fasste Mies van der Rohe seine künstlerische Überzeugung zusammen. In seinen beispielhaften Entwürfen bemühte er sich vor allem darum, dem Hochhausbau neue raumbildende Qualitäten im städtischen Kontext abzugewinnen. Seine Arbeiten hatten großen Einfluss auf die Entwicklung der amerikanischen Bürobauten. Mit dem Lever House in New York (1950–1952) schuf das Büro von Skidmore, Owings & Merrill (SOM) einen Prototyp, der in ganz Amerika (und später in Europa) nachgebaut wurde. Und mit dem John Hancock Center in New York erweiterte das Büro den Hochhausbau um eine faszinierende Variante.

Während sich dieser Architekturstil in fast allen amerikanischen Großstädten ausbreitete und ihnen ein – zumindest in den Innenstädten – leicht austauschbares Profil verlieh, entwickelte sich in Kalifornien eine andere, davon unabhängige Tradition der amerikanischen Moderne. Man orientierte sich nicht an den Stadtbauplänen von Le Corbusier, die beispielsweise in Los Angeles im Lakewood Park zu einer seelenlos zusammenmontierten Großsiedlung mit 17.000 Wohnungen führte, sondern an der Stuttgarter Weißenhofsiedlung und an Mies van der Rohes Wohnblock, einem Stahlskelettbau mit flexiblen Grundrissen, offenen Wohnungen und großzügigem Wohnraum.

Ohne jede staatliche Subvention gelang es dem engagierten Herausgeber der Zeitschrift „Art & Architecture",

SKIDMORE, OWINGS & MERRILL
John Hancock Center
New York, 1965–1968
Höhepunkt des Hochhausbooms in den 60er Jahren in Amerika ist dieser 330 m hohe Turm, von den Bürgern Chicagos „Big John" genannt, der sich vom Sockel bis zum obersten Geschoss elegant verjüngt. Zum ersten Mal ist bei einem Hochhaus eine Mischnutzung angewandt worden: In den ersten 43 Geschossen sind Geschäfts- und Büroräume untergebracht, die Wohnungen liegen darüber. Die oberen Geschosse werden von einer Aussichtsterrasse, einem Restaurant sowie Fernsehsende- und Betriebsanlagen eingenommen. Auffallendstes Merkmal der Konstruktion sind die kreuzförmig angeordneten Streben, die dem Gebäude gegen den starken Wind vom Michigan-See Stabilität verleihen.

**CHARLES EAMES
Case Study House
Nr. 8, Haus für Ray und
Charles Eames**
Pacific Palisades, Kalifornien
1945–1949
Das Haus von Ray und
Charles Eames war so
konzipiert, dass die inte-
grierten Eukalyptusbäu-
me das durch die raum-
hohen Fenster einfallen-
de Licht filtern und so
eine angenehm dämmri-
ge Atmosphäre schaffen.
Der zweigeschossige Bau
zeigt eine elegante Ver-
wendung von Stahlträ-
gern und Stützen, die
dem Bau die Wirkung
einer technischen Kon-
struktion verleihen.

John Entenza, das „Case Study House Program" ins Leben
zu rufen. Er selbst gab im Januar 1945 die ersten acht Entwürfe in Auftrag, die als Prototypen publiziert und der Öffentlichkeit zugänglich gemacht wurden. Nach drei Jahren
waren schließlich sechs Einfamilienhäuser fertiggestellt
und von 370.000 Interessenten besichtigt worden.

Die erste Stahlskelettkonstruktion des „Case Study House Program" war das Haus der Designer Ray und Charles
Eames am Santa Monica Canyon. Die ungewohnte Härte,
die das Haus durch die Verwendung von Stahlträgern und
anderen vorgefertigten Elementen erhielt, wurde im Innern durch eine sensible, moderne Ausstattung mit Desi-
gnermöbeln von Eero Saarinnen und Schichtholzmodellen
von Eames wieder ausgeglichen. Zudem wurde die umgebende Natur durch die großen Panoramafenster ins Haus
hineingeholt.

Zu den wichtigsten Architekten dieser Jahre gehörten
auch Richard Neutra (1892–1970) und Rudolph Schindler

(1887–1953), aus Wien stammende Emigranten, die sich vor allem auf Villenbauten spezialisiert hatten. Sie entwarfen in und um Los Angeles und Palm Springs eine Reihe strenger, eingeschossiger, offen gestalteter Häuser. Mit gläsernen Schiebewänden und sorgfältig geplantem Naturbezug verbinden sie die funktionalen Möglichkeiten der frühen Architekturmoderne mit der großartigen amerikanischen Landschaft.

Neben dem Einfluss von Mies van der Rohe verdankte die amerikanische Architektur ihre internationale Anerkennung auch dem wieder in die Öffentlichkeit zurückgekehrten Frank Lloyd Wright. Mit dem Guggenheim Museum, das Wright nach älteren Plänen ab 1956 errichtete (s. Kap. 1), präsentierte er einen expressiven Gegenentwurf zu den „Glaskisten" der Hochhausmoderne, der vor allem in Europa stark beachtet wurde.

**Auf einen Blick** ☻

Die moderne Bewegung der Architektur erhielt durch den Einfluss der Bauhaus-Architekten in Amerika großen Aufschwung

RICHARD NEUTRA
Haus Kaufmann
Palm Springs, Kalifornien
1946–1947
Neutra entwickelte in seinen Villenentwürfen einen neuen, viel imitierten Bautyp: klare, flach ausgreifende Baukörper mit viel Glas, markanten Sonnenreflektoren und gezielt gesetzten Spiegelwänden, die Interieur und Natur zusammenwachsen lassen. Die Eingänge sind zurückhaltend gestaltet. Öffnet man jedoch die unscheinbare oder versteckte Tür, so fällt der Blick durch den Innenraum und die gegenüberliegenden Glaswände wieder in die Landschaft.

**Wie erkenne ich ?**

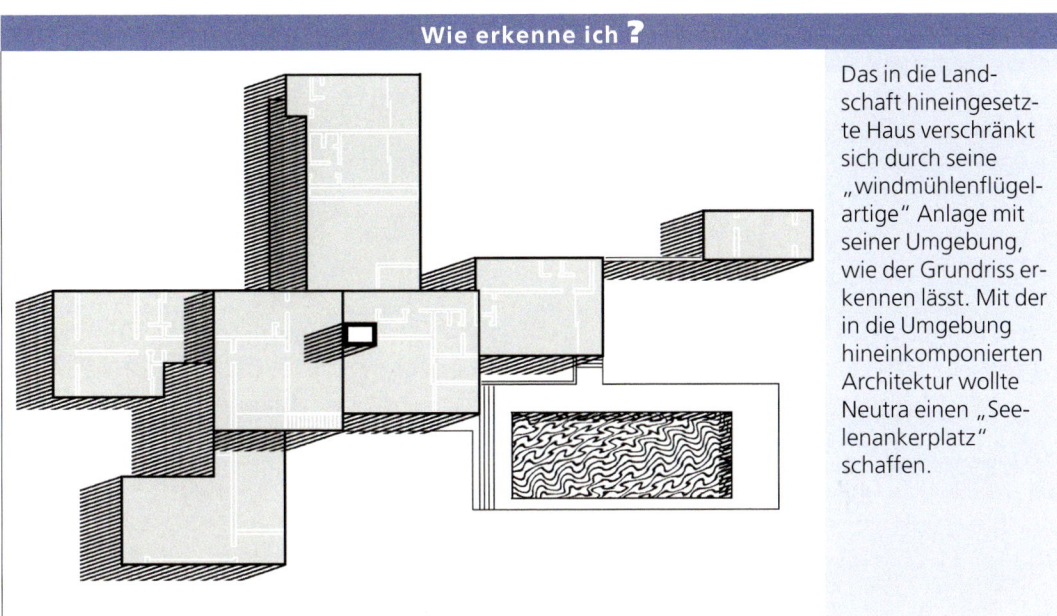

Das in die Landschaft hineingesetzte Haus verschränkt sich durch seine „windmühlenflügelartige" Anlage mit seiner Umgebung, wie der Grundriss erkennen lässt. Mit der in die Umgebung hineinkomponierten Architektur wollte Neutra einen „Seelenankerplatz" schaffen.

## International Style in Europa

Beispielhaft für den International Style in Deutschland ist das sog. Dreischeibenhaus, das von Helmut Hentrich (1905–2001) und Hubert Petschnigg (*1913) entworfene Verwaltungsgebäude der Phoenix-Rheinrohr AG in Düsseldorf (1955–1960) (s. Einführung S. 16). Eine technische, glatte Perfektion, der Verzicht auf haptische Materialien und die Verwendung genormter Einbauelemente kennzeichnen diesen Stil, der sich in den 50er Jahren in ganz Europa ausbreitete. Architektur und Technik gingen eine enge Verbindung ein, in einigen Fällen wurde der Techniker wichtiger als der Architekt, wie das im Fall des Ingenieurs Pier Luigi Nervi (1891–1979) zu beobachten ist, der zu den größten Architekten des 20. Jahrhunderts aufstieg.

Nervis Karriere begann mit dem Entwurf des Florentiner Stadions (1930–1932). Mit der scherenförmigen Trägerkonstruktion der Tribüne, den beiden spiralförmig ineinander verschlungenen, nur auf der Innenseite verankerten Trep-

pen auf der Rückseite und dem geschwungenen, weit auskragenden Dach stellt dieser Bau eine faszinierende und
bahnbrechende Leistung dar. Auf das Florentiner Stadion
folgte eine Flugzeughalle in Orbetello (1938), die bei 100 m
Länge eine Spannweite von 40 m hat. 1948 bis 1950 erbaute Nervi die großartige Salone Principale in Turin mit einer
Spannweite von 95 m. Hieran schließt sich in dichter Rei-
henfolge eine Reihe weiterer Meisterwerke an, unter an-
derem der Palazzetto dello Sport in Rom (1958), die Aus-
stellungshallen in Turin (1959–1961) und der Autobus-
Großbahnhof am Ende der George-Washington-Brücke in
Manhattan, New York (1962–1963).

   Mit Nervi begann ein neuer Siegeszug des Eisenbeton-
baus. Man behandelte den Eisenbeton jetzt nicht mehr
nach dem Prinzip von Stütze und Träger, sondern als ho-
mogenes, in sich selbst tragendes Element. Die meisten
dieser selbst tragenden Eisenbetonbauten wurden in
Amerika gebaut. Eines der schönsten und immer noch auf-
regendsten Beispiele ist das Empfangsgebäude der Trans

PIER LUIGI NERVI
Palazzetto dello Sport
Rom, 1956–1958
Der „kleine" Sportplatz,
den Nervi zusammen mit
drei anderen Bauwerken
für die Olympischen Spiele
in Rom (1960) realisierte,
zählt zu den Höhepunkten
seines Schaffens. Der
Palazzetto hat einen
Durchmesser von 78 m
und besteht aus einer
großen Kuppel, die von
schräggesetzten, Y-förmi-
gen Säulen getragen wird.
Unter der Kuppel befindet
sich die Sporthalle mit den
Tribünen für etwa 5.000
Zuschauer. Dieser säulen-
freie Raum wird von einer
gläsernen Fassade umge-
ben, über der die Kuppel
zu schweben scheint.

**EERO SAARINNEN**
**TWA-Empfangsgebäu-**
**de, JFK-Flughafen**
New York, 1956–1962
Das ästhetische Ideal der
50er Jahre war die
„Stromlinienform", d. h.
die  den Windkräften
den geringsten Wider-
stand entgegensetzen-
de, dynamisch gebogene
Form, wie sie am besten
an den Karosserien der
Zeit zu sehen ist. Wie
kein anderer Architekt
dieser Jahre holte Saarinnen diese Formgebung
in den Bereich der Archi-
tektur. Das 1962 vollen-
dete TWA-Gebäude mar-
kiert einen Moment des
optimistischen Auf-
bruchs in der amerikani-
schen Wirtschafts- und
Architekturgeschichte.

## Wie erkenne ich ?

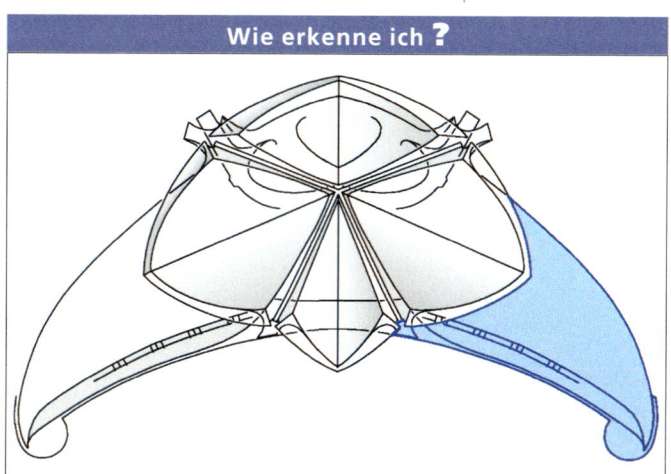

Das Empfangsgebäude ist als eine Stahlbetonschale aus vier
von einem zentralen Punkt ausgehenden Segmenten konzipiert. Die organische Krümmung der Segmente wird durch ge-
wölbte Dächer mit eingesetzten Fenstern ergänzt. Die „Beton-
flügel" des Außenbaus breiten sich wie Vogelflügel nach rechts
und links aus und vermitteln dem Reisenden eine dynamische
Aufbruchsstimmung.

World Airlines (TWA) auf dem John-F.-Kennedy-Flughafen in New York (1956–1962). Der Architekt des Gebäudes, der Finne Eero Saarinnen (1910–1961), emigrierte mit seinen Eltern 1923 nach Amerika. Nach seinem Architekturstudium und einer Tätigkeit im Architekturbüro seines Vaters machte Saarinen mit dem Bau des General Motors Technical Centre in Warren, Michigan (1948–1956), auf sich aufmerksam. Der um einen künstlichen See gruppierte quaderförmige Baukörper aus Stahl und Glas ist deutlich an die Architektur von Mies van der Rohe angelehnt.

Nach dieser puristischen Phase widmete sich der junge Architekt einer expressiveren Gestaltung, wobei ihm die plastische Formbarkeit des Eisenbetons sehr entgegen kam. Mit seinen fließenden Linien und eleganten Krümmungen scheint das berühmte Empfangsgebäude

### Auf einen Blick ☯

Auch in Europa trat der International Style in der Verknüpfung von Architektur und Technik seinen Siegeszug an.

HUGH A. STUBBINS
Benjamin-Franklin-
Halle
Berlin, 1957
Die Benjamin-Franklin-Halle wurde der Stadt Berlin von den USA anlässlich der Interbau 1957 zum Geschenk gemacht. Sie sollte eine Begegnungsstätte, ein Ort der „freien Rede" werden. Diese Aufgabe wollte der Architekt auch zur Schau stellen und realisierte einen schwebenden Dachflügel als Symbol der Freiheit. Die schwierige Konstruktion brach 1980 wegen Korrosion der Stahlglieder ein. 1987 wurde das Dach als historisches Baudenkmal rekonstruiert.

**HANS B. SCHAROUN**
**Neue Philharmonie**
Berlin, 1956–1963
Scharoun revolutionierte mit diesem Konzerthaus weltweit die Architektur der Theater- und Konzertsäle. Statt die Zuschauerbühne starr axial auf das Orchesterpodium auszurichten, setzte er das Podium mitten in den Klangraum und öffnete die umgebende Zuschauerlandschaft auf mehreren Ebenen. Die 2.218 Plätze sind niemals weiter als 32 m vom Klangraum entfernt! Die räumliche Intimität wird akustisch noch durch die konvexe, zeltartig abgehängte Decke verstärkt.

der Trans World Airlines einem sich in die Lüfte erhebenden Vogel nachempfunden zu sein.

Saarinnens hängende Dächer und Nervis Kuppel in Rom stellen dabei noch relativ einfache geometrische Formen dar. Anspruchsvoller und schwieriger zu realisieren sind sog. Regelflächen, komplizierte räumliche Figuren, wie sie z. B. die Benjamin-Franklin-Halle in Berlin (Kongresshalle) aufweist. Der beauftragte Architekt Hugh Stubbins sah ein hängendes Dach vor, das von zwei bogenförmigen Trägern an der Außenseite gehalten wurde und lediglich auf zwei Punkten ruhte. Es überdeckte nur das zentrale Auditorium, die anderen Räume wurden unter einer flachen Betonplatte vereint. Das „fliegende Dach" war damals eine architektonische und statische Sensation. Auch der Neubau der Berliner Philharmonie von Hans B. Scharoun (1956–1963) steht für diese neue expressive Plastizität der Architektur, die sich von den Idealen des Neuen Bauens abzuwenden beginnt.

# Brutalismus – Bauen mit Rohbeton

Das französische Wort für Sichtbeton (béton brut) gab dem Brutalismus, einer Architekturrichtung in den 50er und 60er Jahren, den Namen. Eine Generation jüngerer, vor allem britischer Architekten bemühte sich um eine neue Körperlichkeit in der Architektur. Funktion, Konstruktion und technische Versorgung sollten in ihrer Beschaffenheit offen gezeigt werden. Gefragt waren nicht mehr glänzende, glatte Oberflächen aus Stahl und Glas, sondern raue Strukturen aus grobkörnigem Beton und unregelmäßig geformtem Ziegelwerk. Vorbilder waren die kompromisslose Architektur Mies van der Rohes und das plastische, mit Sichtbeton gebaute Spätwerk von Le Corbusier.

Im Freundeskreis um das englische Architektenehepaar Alison (1928–1993) und Peter Smithson (*1923) wurde der Begriff „New Brutalism" geprägt. Als erstes Beispiel für diese Richtung gilt die von dem Ehepaar Smithson entworfene Hunstanton School in Norfolk. Die Konstruktion besteht aus Stahltragwerk, das mit Glas und Ziegeln ausgefacht ist. Die offene Zurschaustellung der Materialien und technischen Leitungen erregte weltweit Aufmerksamkeit, aber auch Kritik. Die in diesem Stil von den Smithsons erbauten Wohnblöcke Robin Hood Gardens in Ost-London (1969–1972) sowie die Wohnanlagen Park Hill (1955–1960) und Hydepark (1962–1965) in Sheffield von den Stadtarchitekten Jack Lynn und Ivor Smith sind allerdings vielleicht gerade wegen ihrer brutalen Ehrlichkeit auch zu Brandherden der Straßenkriminalität geworden.

Anders verhält es sich bei später gebauten Betonwohnblöcken, die zu sehr gefragten Adressen der kunstbeflissenen Londoner Mittelschicht geworden sind. Es handelt sich um den Trellick Tower (1966–1973) von Ernö Goldfinger (1902–1987) und das Keeling House (1960) von Denys Ladsun (*1914). Beide Häuserblocks sind zwar streng funktionalistisch und in Beton ausgeführt, gleichzeitig jedoch faszinierend plastisch gestaltet, und sie bieten einfallsreich

**DENYS LADSUN**
**Nationaltheater**
London, 1967–1976
Zu den bedeutendsten Bauwerken des britischen Brutalismus gehört das National Theatre in London. Der Bau erhebt sich wie ein künstlicher Berg aus geologischen Schichten am Ufer der Themse. Er umfasst drei Theater sowie weitere öffentliche Bereiche.

geschnittene, helle und geräumige Wohnungen. Von Ladsun stammt auch der Neubau des Londoner Nationaltheaters (1967–1976), einer trutzigen Burg nicht unähnlich, die einzelnen Blöcke dabei geschickt übereinander gestaffelt.

In den USA zählt Louis I. Kahn (1901–1974) zu den wichtigsten Architekten, der in diesem brutalistischen Stil zu bauen begann, die simple These aber mit neuem Leben erfüllte. Auch Kahn, der aus Estland eingewandert war und prägende Einflüsse durch das Studium der antiken Architektur erhielt, ging vom Spätwerk Le Corbusiers aus. Bauen war für Kahn jedoch ein geistiger Prozess, bei dem vor der ersten Skizze zunächst die innere Vorstellung vom „Wesen" der Bauaufgabe reifen musste. Ähnlich vertrat dies die „organische Architektur" von Hugo Häring und Hans Scharoun. Für Kahn war nicht die innere Konstruktion wichtig, sondern die Behandlung der Oberflächen, die als begrenzende Elemente den Raum definieren. Dabei war nicht nur die Materialauswahl von Bedeutung, sondern auch die Technik. Er bevorzugte daher sichtbares Ziegelmauerwerk.

**Auf einen Blick** ☯

Entwürfe mit Rohbeton als neuem Material mit ausgeprägter Ausdruckskraft bestimmten zeitweise die britische Architekturszene

Räume zu gestalten, war für Kahn, ganz im Sinne von Le Corbusier, das „Spiel der Form mit dem Licht". Mit der Planung des Regierungsviertels von Dakka in Bangladesh erhielt Kahn die Gelegenheit, seine architektonischen Vorstellungen in komplexen und groß angelegten Bauaufgaben zu verwirklichen. Er konnte die Planungen noch einreichen und durchsetzen, erlebte die Vollendung der Gebäude jedoch nicht mehr. Für die Architekturgeschichte bleibt Louis Kahn eine der einflussreichsten Persönlichkeiten, vor allem im Bereich der Postmoderne.

## Oscar Niemeyer und Brasilia

Der International Style erlebte seine letzte Blüte aber nicht in Europa oder Amerika, sondern in Brasilien. Der Aufschwung in Brasilien begann mit der Revolution von 1930. Die politische Schicht, die nun mit Getúlio Vargas an die Macht kam, ging aus demselben Milieu hervor, auf das sich die avantgardistischen Künstler stützten. In der Folge wurden verschiedene große soziale und architektonische Projekte in Angriff genommen, darunter das neue Ministerium für Gesundheit und Erziehung (heute der Kulturpalast) in Rio de Janeiro (1936–1943). Den Wettbewerb für den Bau

LOUIS I. KAHN
Parlamentsgebäude
Dakka (Bangladesh), 1963–1974, 1983 (verschiedene Bauphasen)
Kahn bewunderte die Arbeiten von Le Corbusier, ging aber bei dieser komplexen Bauaufgabe einen ganz anderen Weg. Das Parlament besteht aus verschiedenen geometrischen Einzelkörpern rund um einen zentralen Versammlungsplatz, der entsprechend der Bedeutung des Wassers für die Mythologie des Landes an einem See liegt. Die Wände des Gebäudekomplexes bestehen aus Beton, dessen breite Vertikal- und Horizontalfugen mit weißem Marmor betont werden. In die Wände sind große geometrische Öffnungen eingeschnitten, die ein eindrucksvolles Spiel von Licht und Schatten hervorrufen.

gewann Lucio Costa (1902–1998), der an der Verbreitung der Modernen Architektur in Brasilien erheblichen Anteil hatte. Auf Vermittlung von Costa wurde Oscar Niemeyer (*1907), der ab 1935 im Planungsbüro von Costa arbeitete, in das Architektenteam um Le Corbusier aufgenommen. Daraus ging eine enge Zusammenarbeit zwischen Costa und Niemeyer hervor, die ihren krönenden Abschluss in der Stadtplanung der neuen brasilianischen Hauptstadt Brasilia finden sollte.

Niemeyer startet eine auch in Europa und Amerika viel beachtete Karriere; er baut 1946 die Boavista-Bank in Rio, 1947 das Technikum für Äronautik in S. José dos Campos, ab 1951 die Gebäude im Ibirapuera-Park in Sao Paulo sowie zahlreiche Wohnkomplexe in Belo Horizonte, Sao Paulo und Rio. Niemeyer vollzieht in diesen Werken eine Vereinfachung des Repertoires der Modernen Architektur, indem er das Le Corbusier eigene, strenge Gefüge auflockert und durch wenige, formal klare, räumlich voneinander getrennte Grundmotive ersetzt. Dabei treten gekurvte Formen gleichberechtigt neben streng orthogonale Kastenformen.

Ab 1955 wurde Niemeyer Chefarchitekt der neuen Hauptstadt Brasilia, dessen Gesamtplan Costa entwarf. Das strenge Planungsschema mit den langen perspektivischen Achsen wurde von Niemeyer mit einer Reihe spektakulärer Bauten besetzt. Den Höhepunkt der Anlage bildet das Kongressgebäude, das am Scheitelpunkt des Platzes der drei Gewalten gelegen ist und einen der beiden Endpunkte der die Stadt durchschneidenden zentralen Achse bildet. In dem riesigen Bauwerk sind Senat, Abgeordnetenhaus und Oberste Verwaltungsbehörde untergebracht. Der Hauptbaukörper liegt wie eine flache Platte in einer leichten Senke, die seitlich durch bis zur Dachhöhe aufgeschüttete Straßendämme begrenzt wird. Den Blick fesseln aber die großen plastischen Objekte, eine Halbkugel über dem Senat und eine Schale über dem Abgeordnetenhaus, die die kreisförmigen Säle im Innern jeweils mit einer markanten Kuppel überwölben. Hinter diesem Baukörper ragen die beiden schmalen Türme der Obersten Verwaltungsbehörde in den blauen Himmel und werfen einen langen Schatten über das quadratische Wasserbecken hinter ihnen.

Während des Militärregimes 1964–1985 lebte Niemeyer im Exil und leitete seine Projekte von Paris aus, wie z. B. den Neubau der Universität von Constantine in Algerien (1969–1977) und das Kulturzentrum in Le Havre (1972–1982). Zu seinen späten Arbeiten zählt auch das ungewöhnliche, am Meer gelegene Museum für zeitgenössische Kunst in Niterói in der Nähe Rios (1997), eine Art fliegende Untertasse auf einem hohen Landepfahl, die das Meer überblickt. Niemeyers kraftvolle Werke bilden eine charakteristische, für Brasilien entworfene und nur dort mögliche Architektursprache.

## Architektur im Wandel

Schon in den 50er Jahren wuchs die Kritik an der Modernen Architektur, als gesichtslose Retortensiedlungen in allen großen Städten Deutschlands zu wuchern begannen. Man sprach sogar, Bezug nehmend auf die Bombardierung im Zweiten Weltkrieg, von der „Zweiten Zerstörung" der Städte. Das Heilsversprechen der Moderne schien sich auch in der Architektur nicht erfüllt zu haben. Der Philosoph Alfred Mitscherlich sprach angesichts der zunehmenden Bausünden Moderner Architektur von der „Unwirtlichkeit der Städte". In dieser Situation traten auch engagierte und kritische Architekten auf, die neben der Kritik an der Moderne neue Wege in der Architektur vorschlugen.

1966 veröffentlichte Robert Venturi (*1925) ein Manifest mit dem Titel „Komplexität und Widerspruch in der Architektur", in dem er die Aussage von Mies van

**Auf einen Blick** ☺

In Brasilien führten moderne Architekten den International Style zu einer letzten Blüte

OSCAR NIEMEYER
Kongressgebäude und
Verwaltungshochhaus
Brasilia, 1958
Oscar Niemeyer wurde stark von Le Corbusier beeinflusst, führte aber zusätzlich freie, fließende Formen ein, die auf den hispanischen Barock zurückgehen, jedoch sicher auch von der urwaldähnlichen Landschaft Brasiliens angeregt sind. In der Stadt Brasilia hat Niemeyer dieses Zusammenspiel von statischen und organischen Formen im großen Maßstab verwirklicht. Das Kongressgebäude steht am Ende einer 6 km langen Monumentalachse, die sich quer durch die Retortenstadt zieht. Die beiden herausragenden Türme sind heute das Wahrzeichen Brasilias. Von elementarer Wucht und doch architektonischer Eleganz sind die beiden plastischen Körper unterhalb der Türme, die sich zu einer Kugel ergänzen ließen.

**Postmoderne** Unter Postmoderne versteht man in
der Architektur eine Stilbewegung der 60er, 70er und
80er Jahre, die im Gegen-
satz    zur    funktionalisti-
schen, Modernen Architek-
tur eine „sprechende" Ar-
chitektur befürwortet und
sich ausgiebig historischer
Vorbilder, auch im ironi-
schen Zitat, bedient. Der
Begriff    tauchte    schon
früher im geistesgeschicht-
lichen und gesellschaftlichen Zusammenhang auf.

der Rohe „Weniger ist mehr" umkehrte und verkündete:
„Weniger ist die reine Langeweile". Statt der immer gleichen „Mies-Kisten" propagierte Venturi eine Architektur
voller Überraschungen, Zitaten aus der Geschichte und
witzigen Anspielungen, eine lebendige und aktuelle Architektur – die Postmoderne.

Dieser Begriff entstand zunächst in Philosophie und Li-
teraturgeschichte und wurde schließlich auch in der Archi-
tekturtheorie verwendet. Doch der Sprung von der lustvol-
len Theorie in die Praxis gelang nicht immer und führte
weltweit zu einer Reihe aberwitziger, bunter und verspiel-
ter Bauten, die man schlichtweg als misslungen bezeich-
nen muss. In Europa manifestierte sich die postmoderne
Architektur wesentlich zurückhaltender und in vielerlei
Hinsicht auch gelungener. Gleichzeitig mit der Piazza d'I-
talia entstand in Wien 1976–1978 das österreichische Ver-
kehrsbüro von Hans Hollein (*1934), das er mit Zitaten aus
anderen Kulturen und Theaterkulissen fernwehweckend

gestaltete. Zu seinen besten Bauten gehört jedoch zweifellos das Museum am Abteiberg in Mönchengladbach (1972–1982), eine raffinierte Collage aus Räumen und Materialien in effektvoller Inszenierung. Die Präsentation Moderner Kunst ist geschickt mit der Hanglage und Bezügen zur Umgebung verknüpft.

Von Holleins Bau gingen Impulse auf zahlreiche weitere Museumsneubauten aus. So erweiterte James Stirling (1926–1992) die Stuttgarter Staatsgalerie (s. Kapitelanfangsseite) mit einem spektakulären, über die Landesgrenzen hinaus beachteten Anbau. Der Architekt zitierte hier aus unterschiedlichsten Quellen der Architekturgeschichte, angefangen bei den Rampen, die an den Aufgang zur Athener Akropolis denken lassen, bis hin zur großen Rotunde, die das Alte Museum in Berlin von Karl Friedrich Schinkel wieder aufnimmt. Der Verwaltungstrakt nimmt Bezug auf Le Corbusiers Doppelhaus der Weißenhofsiedlung, und die Ausstellungssäle wiederum zitieren eine barocke Enfilade mit klassizistischen Giebeln.

Die Neue Staatsgalerie Stuttgart gilt als eines der wichtigsten Bauwerke der postmodernen Architektur. Der Entwurf ist sowohl von der Raumaufteilung als auch vom Baustil her vielschichtig. Wechselausstellungen werden in den offen angelegten Räumen veranstaltet, während die bedeutende ständige Sammlung in einer Flucht von Ausstellungssälen untergebracht ist, die an Museumsbauten des 19. Jahrhunderts erinnern. Die vielfältigen Zitate aus der Architekturgeschichte, die sich durch das Bauwerk ziehen, beschwören die große Vergangenheit der Architektur, aber auch den eigenen Werdegang des Architekten

Die Bewegung der postmodernen Architektur verlief sich bald in Beliebigkeit und Kitsch, bis sie in den 80er Jahren ganz verebbte. Eines ist ihr jedoch gelungen – sie hat die moralisch und ästhetisch unantastbare Norm der Mo-

> **Enfilade** (franz. = Aufreihung) Eine Enfilade ist eine Folge von Räumen, deren Türen auf einer Achse aufgereiht sind und die Zimmer bei geöffneten Türen auf einen Blick überschaubar sind. Die Enfilade ist ein charakteristisches Gestaltungsmittel im Schlossbau des Barock.

**CHARLES MOORE**
**Piazza d'Italia**
New Orleans/Louisiana
1974–1978

Ein Höhepunkt postmoderner Architektur ist Die Piazza d'Italia Orleans. Die einzelnen, arrangierten Architekturelemente wirken wie Bühnenkulissen in einer Seifenoper. Klassische Säulenordnungen werden durch Eingriffe ironisiert: feine Wasserstrahlen zeichnen dorische Kannellierungen nach, Säulen bestehen aus geschlitztem Edelstahl, Neonröhren umkränzen Kapitelle. In den Bogenwinkeln des Torbogens sitzen wasserspeiende Masken mit dem Abbild des Architekten.

derne aufgebrochen und ihre Teile zum Spiel freigegeben. Der monumentale Block der Moderne ist gespalten und gibt den Blick frei auf die lange Abfolge der Stile, derer man sich nun wieder in scheinbar fröhlicher Unbekümmertheit („anything goes") wie in einem Disneyland der Architektur bedienen darf. An den Grundsätzen und Idealen der Moderne wird man sich aber nicht vorbeischleichen können; erst aus der kritischen Auseinandersetzung mit ihr werden immer wieder neue Denkmodelle und Anstöße zu einer neuen Architektur entstehen.

**Auf einen Blick** ☯

Postmoderne Architektur war nur eine kurzlebige, aber einfallsreiche Stilrichtung

# Info-Kästen

# Literatur

Bott, Gerhard (Hrsg.), Von Morris zum Bauhaus. Eine Kunst gegründet auf Einfachheit, Darmstadt 1977

Benevolo, Leonardo, Die Geschichte der Stadt, Frankfurt a.M. 1993 (7.Auflage)

Benevolo, Leonardo, Geschichte der Architektur des 19. und 20. Jahrhunderts, 2 Bde., München 1978

Frampton, Kenneth, Die Architektur der Moderne. Eine kritische Baugeschichte, Stuttgart 1994 (4.Auflage)

Giedion, Sigfried, Raum, Zeit, Architektur. Die Entstehung einer neuen Tradition, München 1976 (Paperback Edition)

Gössel, Peter/Leuthäuser, Gabriele, Architektur des 20. Jahrhunderts, Köln 1990

Huse, Norbert, „Neues Bauen" 1918 bis 1933, München 1975

Jencks, Charles, Die Postmoderne. Der neue Klassizismus in Kunst und Architektur, Stuttgart 1987

Joedicke, Jürgen, Architekturgeschichte des 20. Jahrhunderts,. Von 1950 bis zur Gegenwart, Stuttgart/Zürich 1990

Kleefisch-Jobst, Ursula, Architektur im 20. Jahrhundert (Schnellkurs DuMont), Köln 2003

Klotz, Heinrich (Hrsg.), Vision der Moderne. Das Prinzip Konstruktion, München 1986

Klotz, Heinrich, Moderne und Postmoderne. Architektur der Gegenwart, Braunschweig/Wiesbaden 1984

Nerdinger, Winfried, Walter Gropius, Ausst.Kat. Busch-Reisinger-Museum, Harvard, Cambridge/Mass./Bauhaus-Archiv Berlin 1985

Pehnt, Wolfgang, Die Architektur des Expressionismus, Ostfildern 1998

Pevsner, Nikolaus, Architektur und Design. Von der Romantik zur Sachlichkeit, München 1971

Pevsner, Nikolaus, Europäische Architektur. Von den Anfängen bis zur Gegenwart, München 1997

Pevsner, Nikolaus/Honour, Hugh/Fleming, John, Lexikon der Weltarchitektur, München 1992

Thiel-Siling, Sabine, Architektur! Das 20. Jahrhundert, München 2005

# Reisetipps
*Architekturmuseen und*
*Architekturzentren*

| Deutschland | International |
|---|---|

**Deutschland**

Bauhaus- Archiv
Klingelhöferstr.aße 14
10785 Berlin
www.bauhaus.de

Deutsches Architektur Zentrum (DAZ)
Köpenicker Str. 48-49
10179 Berlin
www.daz.de

Stiftung Bauhaus Dessau
Gropiusallee 38
06846 Dessau
www.bauhaus-dessau.de

Deutsches Architektur Museum
Schaumainkai 43
60596 Frankfurt a. M.
www.dam-online.de

Architekturmuseum der TU München
In der Pinakothek der Moderne
Barer Sstr. 40
80799 München
www.pinakothek-der-moderne.de
oder direkt: www.architekturmuseum.de

**International**

Vorarlberger Architektur Institut
Realschulstr. 6-7
A-6850 Dornbirn
www.v-a-i.at

Haus der Architektur Graz
Engelgasse 3-5
A-8010 Graz
www.hda-graz.at

Architektur Zentrum Wien
Museumsplatz 1
A-1070 Wien
www.azw.at

Schweizerisches Architekturmuseum Basel
Steinenberg 7
CH-4001 Basel
www.architekturmuseum.ch

Architekturforum Bern
Kapellenstr.aße 114
CH-3011 Bern
www.architekturforum-bern.ch

architektur forum zürich
Neumarkt 15
CH-8001 Zürich
www.architekturforum-zuerich.

Architekturgalerie Luzern
Cysatstr. 23a
CH-6004 Luzern
www.architekturgalerie.ch

La Galerie d'Architecture
11, rue des Blancs Manteaux
F-75004 Paris
www.galerie-architecture.fr

Institut francais d'architecture
6 rue de Tournon
F-75006 Paris

Royal Institute of British Architects (RIBA)
66 Portland Place
GB-London W1B 1AD
www.architecture.com

The Lighthouse – Scotland's Centre for
Architecture, Design and The City
11 Mitchell Lane
GB-Glasgow G13NU
www.thelighthouse.co.uk

Nederlands Architectuurinstituut
(Netherland's Architecture Institute)
Museumpark 25
NL-3015 CB Rotterdam
www.nai.nl

Dansk Architektur Center
Strandgade 27B
DK-1401 Kopenhagen
www.gammeldok.dk

Museum of Finnish Museum of Architecture
Kasarmikatu 24
FIN-00130 Helsinki
www.mfa.fi

Los Angeles Forum for Architecture
and Urban Design
P.O. Box 291774
USA-Los Angeles
CA, 900209-8774
www.laforum.org

Chicago Architecture Foundation
Santa Fe Building
224 S. Michigan Avenue
USA-Chicago,
IL, 60604
www.architecture.org

National Building Museum
401 F St. NW
USA-Washington
DC 20001
www.nbm.org

Canadian Centre for Architecture
1920 Baile Street
Montréal H3H 2S6
Québec/Kanada

# Register